古代美術史研究

四 編

第 9 冊

元人畫松研究
以畫爲喻爲寄，以畫體道識史

邱 雯 著

花木蘭文化事業有限公司

國家圖書館出版品預行編目資料

元人畫松研究——以畫為喻為寄，以畫體道識史／邱雯　著

— 初版 — 新北市：花木蘭文化事業有限公司，2019〔民 108〕

目 2+176 面；19×26 公分

（古代美術史研究 四編；第 9 冊）

ISBN 978-986-485-767-8（精裝）

1. 中國畫 2. 畫論 3. 元代

618　　　　　　　　　　　　　　　　　108001565

ISBN-978-986-485-767-8

古代美術史研究

四 編 第九冊　　　　　ISBN：978-986-485-767-8

元人畫松研究——以畫爲喻爲寄，以畫體道識史

著　者　邱雯
總 編 輯　杜潔祥
副總編輯　楊嘉樂
編　　輯　許郁翎、王筑　美術編輯　陳逸婷
出　　版　花木蘭文化事業有限公司
發 行 人　高小娟
聯絡地址　235 新北市中和區中安街七二號十三樓
　　　　　電話：02-2923-1455／傳眞：02-2923-1452
網　　址　http://www.huamulan.tw 信箱 hml 810518@gmail.com
印　　刷　普羅文化出版廣告事業
初　　版　2019 年 3 月
全書字數　123103 字
定　　價　四編 23 冊（精裝）台幣 66,000 元

元人畫松研究
以畫爲喻爲寄，以畫體道識史

邱雯　著

作者簡介

邱雯，女，現爲中國美術學院藝術人文學院講師。自 1999 年起就讀於中國美術學院史論系，2003 年本科畢業後師從任道斌教授研究元、明、清美術史。2013 年博士畢業並授予學位。在此期間曾在各級刊物上發表文章如下：

1. 論文《董邦達藝術初探——兼論董源、董其昌與董邦達畫風之傳承》發表於《美術學報》（2013 年第 2 期），2013 年 3 月。

2. 論文《趙孟頫筆下的松樹畫》發表於《文藝研究》（2013 年第 7 期），2013 年 7 月。

3. 論文《畫爲心印——黃公望筆下的松樹畫作品》發表於《上海藝術家》（2015 年第 2 期），2015 年 4 月。

4. 論文《只釣鱸魚不釣名——品吳鎮筆下的松樹畫》發表於《藝術中國》（2015 年第 4 期），2015 年 4 月。

5. 論文《董邦達與西湖十景圖》發表於《新美術》（2015 年第 5 期），2015 年 5 月並於 2016 年編纂、出版《中外美術史教材》。

2014 年至今參與《圖像新世界——明清中西繪畫交流史研究》課題（國家社科基金藝術學項目）：項目名稱《圖像新世界——明清中西繪畫交流史研究》。

提　要

和梅蘭一樣，松樹自古便被人們賦予高尚的含義，歷朝歷代詠松詩詞不斷。自魏晉始，松樹便入畫圖。而至元代，不僅松樹圖題材入畫進入了一個高峰期，並且眾多文人畫家筆下都湧現出松樹的身影。可以說元人繪畫在一個新的時空拓展了新的領域。這種新雖然是承傳了舊，但卻賦予時代了新內涵，注入了深入發展的新動力。誠如明人王世貞所說，文人畫起自東坡，而至松雪（趙孟頫）敞開大門。晚明董其昌曾作歸納指出，文人畫不僅以風格筆墨來區分；更應以個人自我意識強弱，能否將心中丘壑眞率地流露，正所謂宇宙在乎手，眼前無非生機，寄情藏意於紙絹筆墨間作爲品評文人畫作品高低的準則。後人更以文人畫能吐露高雅意趣，反映時代心聲爲尚。而元代文人可謂是這其中的重要力量，起到敞開文人畫大門的作用，從此富有文化內涵和精神價值的文人畫成爲中國畫史中的主流。

雖然關於「歲寒三友」松竹梅的繪畫內涵，研究者頗眾，而相比之下，後人對松樹圖，包括文人畫松的研究卻較爲薄弱，甚至沒有專門的成果，爲彌補畫史研究滯後的缺憾，加深對中國繪畫內涵的認識，論文從松樹入畫及元代文人畫松兩個方面進行研究。第一部分，對以前松樹入畫的由來及其在繪畫中的含義進行分析。第二部分，首先分析元代畫松題材繁榮的狀況，其次，考察元代十五位文人畫家的畫松作品，具體分析在特定時代背景之下松樹的豐富內涵，再次，從上述考察中尋求元人畫松繁興的社會原因與藝術特色。最後論及元代松樹圖對後世的影響。通過具體考察的實證，小中見大，得出元文人松樹入畫的最終目的 即畫爲心印，以畫爲喻，以畫爲寄，以畫體道，以畫識史，而這一結論闡明了元代文人畫宏傳與發揚了中國畫的優秀傳統，加高加闊了中國畫的藝術之峰，這正是元代文人畫對中國美術與文化的重要貢獻。

目

次

緒　論

一、選題研究的緣起

　　元代不足百年，雖然在中國古代歷史進程中是一個最短命的統一王朝，但卻在中國繪畫史上留下了輝煌的篇章。特殊的政治環境造成了大批文人參與繪畫，不僅創作了諸如《富春山居圖》那樣堪稱「畫中《蘭亭》」的藝術高峰之作，而且使「文人畫」成爲中國文化最具民族個性的項目之一，加深了繪畫的寫意表達功能，深化了詩書畫印合一的文化內涵。元代的文人畫既如史畫，反映了當時社會的主流思想，又如融合劑，這說明中國優秀傳統文化具有迷人的魅力，甚至使得征服中原、消滅南宋的「馬背民族」蒙古貴族也爲之傾倒，以致收藏書畫，學習創作，自覺地接受傳統文明。因此，人們對元代文人畫的研究興趣日濃。如 1968 年，美國克利夫蘭美術館舉辦了「元代蒙古統治下的中國藝術展」並出版相應的論文圖冊；1999 年，日本奈良市大和文華館舉辦「元時代的繪畫——蒙古世界帝國的一世紀」特別展，並出版相應的論文畫冊；2009 年，臺北故宮博物院舉辦「大汗的世紀——蒙元時代的多元文化與藝術」展覽，並出版相應的論文畫冊；2011 年臺北故宮博物院再次舉辦了「山水合璧——黃公望《富春山居圖》」特展，並出版相應的論文畫冊。

　　大陸自上世紀改革開放以來，也陸續舉辦了有關元代繪畫的國際學術研討會，如 1995 年上海書畫出版社暨《朵雲》雜誌舉辦「趙孟頫國際學術研討會」，出版相關論文集；2006 年上海博物館舉辦《千年遺珍國際學術研討會》，展出晉唐宋元書畫，出版相關學術論文集；2007 年湖州博物館舉辦《趙孟頫

回家展》出版《書畫爲寄——趙孟頫國際學術研討會論文集》；2013 年，上海博物館舉辦《翰墨薈萃——圖像與藝術史國際學術研討會》，展出五代宋元書畫，並出版相關論文集；江蘇無錫、浙江嘉興也曾分別舉辦有關元代畫家倪瓚、吳鎮的學術研討會。

除了大型展覽與學術研討會論文集外，有關元代繪畫史的研究尚有美國李鑄晉《鵲華秋色——趙孟頫的生平與畫藝》、日本吉田良次《趙子昂：人和藝術》、臺灣吳保合《高克恭研究》、傅申《元代皇室書畫收藏史略》、張光賓《元四大家年表》；上海朱仲岳《倪瓚作品編年》、宗典《柯九思史料》，北京陳高華《元代畫家史料》，杭州范景中先生《中華竹韻》、盧勇《吳鎮〈竹譜圖卷〉之考辯》等專著出版，元代繪畫成爲一門國際性的學問，所涉及的既有畫家個案研究，也有畫派群體研究；既有作品個案研究，也有畫風演變研究；既有人物、山水、花鳥分科研究，也有寫意、工筆，甚至梨花、梅、蘭、竹、龍、馬、鍾馗、羅漢圖等細科研究。

眾所周知，宋代以來形成的「歲寒三友」松、竹、梅是中國文人畫的重要畫題之一，如趙子固就繪有《歲寒三友圖》。到了元代，湧現出更多畫松、竹、梅的高手，就畫松而言，如元初錢選、趙孟頫及元末四家黃公望、王蒙、吳鎮、倪瓚，皆有繪松的作品面世，誕生如《雙松平遠圖》、《松溪釣艇圖》等名作。後人對元代這一畫題的研究亦有所涉及，如 1983 年美國豪爾著《王冕和中國梅花圖中的儒家因素》〔註 1〕，韓宗敏著《吳鎮的〈墨竹譜〉：文人畫家的墨竹手稿》〔註 2〕，1986 年徐建融著《元代墨花墨禽芻議》〔註 3〕，2006年楊臣彬著《元代花鳥竹石梅蘭繪畫綜述》〔註 4〕，2007 年薛永年著《趙孟頫的古木竹石圖》〔註 5〕等。但所論與山水、人物畫科而言，顯得較爲薄弱，尤其是對畫松的研究，更與梅、竹相比，頗爲不足，並無專門論文，亦無專著出版。

〔註 1〕 Wang Mien and the Coufucian Factor in Chinese Plum Painting.by William Hoar.Ph.D.diss.Wniv.of Lowa.1983.

〔註 2〕 Wu-Chen's Mo-chu P'u:Literati Painter's Manual on Lnk Bamboo. By Han, Sung-mi.ph.D.diss.Princeton Wniv.1983.

〔註 3〕 見《朵雲》第 10 期。上海書畫出版社，1986 年。

〔註 4〕 見上海博物館編《千年遺珍國際學術研討會論文集》，上海書畫出版社，2006年 12 月。

〔註 5〕 見許江、馬以主編《書畫爲寄——趙孟頫國際學術研討會論文集》，中國美術學院出版社，2007 年 9 月。

有感於元代畫松作品的繁榮，而後人對此研究的缺失，有感於梅、竹研究的有成果，而松的研究幾無成果，故筆者擬以元代松樹爲研究目標，通過讀畫而識時知人，借助閱史而解畫明藝，以加深對元代文人畫寫意內涵的認識，希望彌補這方面的學術缺憾。

二、研究現狀

通過對元代繪畫研究成果的梳理，不難發現有關元代松樹圖的專題研究幾乎無人問津，唯有對倪瓚所畫松、柏、樟、楠、槐、榆的《六君子圖》略有涉及，如王大保著《倪瓚〈六君子圖〉批判》〔註6〕，劉華《倪瓚和〈六君子圖〉》〔註7〕。王伯敏先生主編《中國美術通史》、張安治先生《中國繪畫史》及王朝聞主編《中國美術史》等，皆對元人畫竹、梅有所論及，但缺少對畫松的論述；洪再新先生《中國美術史》第七章《元代美術》評及趙孟頫《雙松平遠圖》，則有「清曠瀟灑之意」，評及倪瓚《六君子圖》，則有「以松、檜、柏等象徵文人性格」之語〔註8〕，此外並無更多的論松之文，相對較畫梅、竹的評述，大爲不足。

對於元代畫松的論述，則在相關技法書上有所提及，如《陸儼少課徒山水畫稿》〔註9〕、張偉平《中國歷代畫家技法集萃·樹法·上》〔註10〕等，但這些技法書著眼於繪畫筆墨技法，並不涉及進一步的文化深意。

上述研究現狀，說明對元代畫松尚有廣闊的學術研究空間，供後人去探求，爲元代文人畫研究提供新的成果。

三、研究範圍與相關概念

本文研究範圍以元代文人畫松爲主，探究其形式美與精神內涵，進此析其時代特色及畫家個人境遇等，小中見大，兼及承上啓下的松樹入畫狀況。基於元人畫松既有獨立的松圖，又有山水、人物、花鳥、鞍馬畫中的松圖，故研究範圍當不僅僅限於前者，但以文人畫松爲主線，以探究松樹圖精神內涵爲目的，深化對中國繪畫文化內涵、多元題材的認識。

〔註6〕見《美術學報》1975年第二期。
〔註7〕見《新民晚報》1986年1月11日。
〔註8〕洪再新著《中國美術史》，第258頁，第272頁，中國美術出版社，2013年7月。
〔註9〕陸儼少著《陸儼少課徒山水畫稿》，上海書畫出版社，1985年9月版。
〔註10〕張偉平選編《中國歷代名家技法集萃·山水卷·樹法·上》，山東美術出版社，1999年3月版。

四、研究方法

1. 調查研究。對有關元代文人畫松的圖像與文獻資料，包括相關社會史料進行搜索、梳理，從感性認識上升到理性認識。包括搜尋散處海內外各地公私博物館的元人畫松圖像及有關文獻，如日本《中國繪畫總合圖目》、臺灣《故宮書畫圖錄》，大陸《中國古代書畫圖目》，陳高華《元代畫家史料彙編》、盧輔聖主編《中國書畫全書》、宋濂等《元史》。

2. 統計、歸納、比較法。對元代文人畫松圖與詩文中涉及的有關題跋進行統計，分類歸納，比較其個性與共性，結合畫家所處藝術環境的考察，分析其作品表現的精神內涵，意境趣味，從而研究作品所折射的時代精神。

3. 以圖讀史，以史證圖，客觀求實，論從史出。循序漸進，前後呼應。先析個案，後尋共性。具體至人、至畫、至詩文題跋及文獻記載，不尚空論。

五、主要創新點及不足之處

主要創新點在於以實證法釐清松樹入畫及元人畫松的精神內涵，彌補元人畫松興盛而後人研究不足的學術缺憾，拋磚引玉，並藉此瞭解畫松史，深化對中國傳統文人畫精神內涵的認識，做到言之有物，論之有據，有感而發。不足之處在於因限於條件而未能見到散處海外的原作，境內所見亦只局限於博物館公開展出或特展作品，感性認識不夠深刻。不當之處尚祈專家指正爲幸。

第一章　元以前的松樹入畫研究

1.1 松樹入畫的由來

　　松樹，是一種四季常青的植物。絕大多數松樹是高大的喬木，高度約在 20～50 米之間，最高的松樹高度可達 75 米。松樹的結構爲輪狀分枝結構，樹的節間比較長。由於具有耐寒耐旱的特徵，因此松樹的針葉細長成束。其樹冠看起來蓬鬆但不緊湊，「松」這個字的寫法也正是根據其樹冠特徵的形象而形成的。所以，總體說來，「松」是樹冠蓬鬆的一類樹種。松樹的木質比較堅固，生長期比較長，不易衰敗。松樹的種類也很多，有羅漢松、白皮松、赤松、白松、黃花松、雪松、黑松、馬尾松等。松樹的葉狹窄且角質層發達，適合旱生，其對生長環境的要求不高，因此在中國各地普遍都可以存活。松樹和其他的闊葉樹種相比較，更具有耐水、耐寒的特性，所以不容易因爲自然氣候的原因而受到傷害。在不同氣候區都能夠看到各種不同種類松樹的分佈，而且這些松樹多半都能生長在多石地區，在土層淺薄的乾旱及惡劣環境之中也能頑強生長。松樹由於儀態雄壯威武、給人感覺蒼勁挺拔，又因松皮多鱗狀，如金錢，似龍體，較爲奇特美麗，樹杆多生長的比較高大、樹齡也較長，是長壽的象徵，故而深受人們的喜愛。傳說秦始皇封泰山「五大夫松」，清乾隆帝封北京北海團城八百年古松爲「遮陰侯」，就是例證。中國人也常常把松樹比作堅定不移、心氣高傲而又貞潔、多福長壽的象徵。松、竹、梅這三種植物世稱「歲寒三友」，在各個年代，松樹都被賦予各種高潔的精神和含義，比如比喻成功戰勝逆境、頑強不息、戰勝困難的堅韌精神及長壽的美好寓意。

　　松有如此形性，自然引起人們的關注，被人們用以象徵堅貞不屈的事物。因爲松是四時常綠的植物，當風霜雨雪俱來時，一般的樹木都經不起考驗而相率衰謝，可松樹卻歸然屹立，盤根錯節，青蒼如故，在松面前沒有什麼困難是克服不了的，所以懷抱志節的人往往以「歲寒後凋」自勵。自遠古時代以來，就有先民十分敬重松樹的記載，這種敬重有時甚至達到了對松樹頂禮膜拜乃至於神話的程度。《論語・八佾》中曾有記載夏后氏去世之時，都會以松祀社。在西漢司馬遷《史記・龜策列傳》中有「松柏爲百木長，而守門閭」及「下有伏靈，上有兔絲；伏靈者，千歲松根也，食之不死」〔註1〕的記載。雖然因爲年代久遠，很多說法具有浪漫的文學性，但從這些記載中來看，我們發現古人對松樹敬重的感情卻溢於言表。

　　對善於捕捉自然美景、喻物抒情的畫家而言，松樹自然是最佳的入畫題材。據美術文獻記載，1960年4月在南京西善橋南朝墓葬群中出土的《竹林七賢與榮啓期》畫像磚（見圖1），當是現存較早的松樹圖。不難發現，這個時期的畫像磚上之所以出現松樹題材肯定是和當時的時代背景有著極爲密切的關係。當時所流行的「魏晉風度」及時代所造就的士大夫階層的孤傲清高，這些都促使松樹題材的流行。於此同時，山水畫中開始流行對景寫實，推崇描繪自然景物，這些因素的綜合，使得松樹出現在了這一著名的畫像磚之中。仔細觀察這塊畫像磚，可以瞭解，這個時代描繪的樹木有著自己的特點：樹木雖呈「列植之狀，則若伸臂布指」〔註2〕（見圖2），但已經能明確的看出樹的形象，特徵明顯，亦可觀不同樹種的不同姿態和神韻。在松樹的畫法上，

〔註1〕（漢）司馬遷《史記・龜策列傳》，延邊人民出版社，1995年7月。第48頁，《史記・龜策列傳》：「竹外有節理，中直空虛，松柏爲百木長，而守門閭。」百木長的讚譽則表明松樹爲眾木中的最優者，是對其的一種肯定。第50頁，《史記・龜策列傳》：「傳曰：『下有伏靈，上有兔絲；上有擣蓍，下有神龜。』」所謂伏靈者，在兔絲之下，狀似飛鳥之形……伏靈者，千歲松根也，食之不死。

〔註2〕（唐）張彥遠著《歷代名畫記》，明嘉靖本，臺北圖書館善本書室藏。又見俞建華注釋，《歷代名畫記》，上海人民美術出版社，1964年1月，第77頁。張彥遠《歷代名畫記》所論唐以前山水樹石繪畫的特徵，是中國繪畫史上的傳統說法，長期以來爲學者所稱引。筆者認爲，六朝時期樹木繪畫『無生動之可擬，無氣韻之可侔，直要位置向背』、『列植之狀，則若伸臂布指』的情形確有存在，但僅見於部分區域的部分畫法，而不是這一時期樹木繪畫的總體特徵。但是在此畫像磚上這種說法卻比較準確的表述出當時的藝術家創作樹型的一種典型特徵。

樹皮鱗皴。而對松樹枝葉的描繪則是張弛有度，有疏有密，富於變化的。松樹整體給人比較強的立體感，針葉前後穿插，錯落有致，明顯感覺到畫像磚上所繪松樹屬於江南溫潤氣候之下，生長於平坦坡地上的產物，風貌典型。雖然當時的繪畫技法還極為不成熟，松樹的畫法和後世比較也顯得非常稚拙和單薄，但是在一千六百年前的南朝社會，畫松技法能達到如此境界，實屬不易。

圖1：（南朝）《竹林七賢與榮啓期畫像磚》　　圖2：（南朝）《竹林七賢與榮啓期畫像磚》局部

　　蕭繹（約508～554年），為梁武帝（464～549年）第七子，天生善書畫，尤工人物，著有《山水松石格》一文。他在此文中便反覆提及松樹的畫法：

　　　　巨松沁水，噴之蔚。……水因斷而流遠，雲欲墜而霞輕。桂不

　　疏於胡越，松不離於弟兄。〔註3〕

這也是最早見於著錄，在繪畫方面涉及到松樹的記載。

　　至隋代，山水畫已經從人物畫中脫離出來，成為一門獨立的繪畫學科。因隋代的統治時間異常短暫，僅區區三十八年，所以在繪畫技法上並沒有較大的發展。從我國現存最早的山水畫作品，傳為隋代展子虔（約550～604年）所繪的《遊春圖》（見圖3）中關於松樹的畫法上就不難發現這一點。作品中「松不細寫松針，直以苦綠潘點。松身界兩筆，直以赭石填染而不作松鱗」〔註4〕，

〔註3〕　（梁）蕭繹《山水松石格》，出自何志明、潘運告編著，《漢魏六朝書畫論》，湖南美術出版社，1997年4月，第316頁。

〔註4〕　陳高華編《隋唐畫家史料》，文物出版社，1987年10月。第22頁。展子虔的《遊春圖》在兩尺多長的絹素上，以豐富的色調、妥善的經營，描繪了春光明媚的湖光山色。作品改變了以往「水不容泛，人大於山」的畫法。明代鑑賞家詹景鳳曾就作品技法，作了權威性的分析：「其山水重著青綠，山腳則用

所以畫面中仍然保留了南朝畫像磚
中繪製松樹的古樸稚拙之法。

　　進入唐代之後，繪畫呈現出空
前的繁榮景象，山水、人物、花鳥
畫在唐代均已獨立成科並各自有了
長足的進步。這個時期，隨著山水
畫的迅速發展，人們也開始重視和
欣賞善於畫松的畫家。於此同時，
唐代盛行以專習一物為能事之風，
因此在畫家中或出現了部分專攻畫
松的畫家。這也包括畫與松樹有關
的一些題材，比如松石或者松竹
圖，有些畫家亦或攻山水畫兼攻畫
松樹。

圖3：傳（隋）展子虔《遊春圖》局部

　　早在唐代的記載中，就有於壁畫中畫松樹的記錄，但因年代久遠，故現
在都已無遺存可考。

　　唐代於邵（約725～806年）繪有《松竹圖》，並為唐德宗（742～805年）
壽辰而撰《進畫松竹圖表並頌》。這幅作品創作時間約在公元8世紀後期。中
唐之後，除了專習一物之風以外，論畫題詩的風氣也開始興盛。杜甫（712～
770年）有《戲為雙松圖歌》：

　　　　天下幾人畫古松，畢宏已老韋偃少。〔註5〕

　　據《宣和畫譜》記載：

　　　　畢宏，不知何許人。善工山水，乃作《松石圖》……其落筆縱
　　　　橫，皆變異前法，不為拘滯也，故得生意為多。蓋畫家之流嘗有諺
　　　　語，謂畫松當如夜叉臂，鸜鵒啄，而深坳淺凹，又所以為石焉。而

　　　　泥金。山上小林木以赭石寫幹，以水沈靛橫點葉。大樹則多勾勒，松不細寫
　　　　松針，直以苦綠沈點。松身界兩筆，直以赭石填染而不作松鱗。人物直用粉
　　　　點成後，加重色於上分衣折，船屋亦然。此始開青綠山水之源，似精而筆實
　　　　草草。大抵涉於拙，未入於巧，蓋創體而未大就其時也。」

〔註5〕何志明、潘運告編著《唐五代畫論》，湖南美術出版社，1997年4月，第55
　　　　頁。此詩為杜甫初到成都後，就與韋偃相識，這首題畫詩，就作於此時。此
　　　　兩句為詩起句，語調平緩，「天下幾人畫古松，畢宏已老韋偃少」總結出韋偃
　　　　善畫松且正當年。

宏一切變通，意在筆前，非繩墨所能制。〔註6〕

《宣和畫譜》中對韋偃（約生活於公元 8 世紀）的描述是這樣的：

> 韋偃父鑾善畫山水松石，時名雖已籍籍，而衛晃於古拙之習。
> 偃雖家學而筆力遒健，風格高舉，煙霞風雲之變，與夫輪困奇之狀，
> 過父遠甚。然世唯知偃善畫馬。……然不止畫馬，而亦能工山水，
> 松石、人物，皆精妙。〔註7〕

可見當時，對韋偃的評價極高。杜甫在《觀張員外畫松圖》中也提到張璪（？
～1093 年）乃當時的畫松高手。而元積更加是以詩歌的形式對張璪所繪松樹
讚美有加。他在《畫松》中提到：

> 張璪畫古松，往往得神骨。翠帶掃春風，枯龍戛寒月。流傳畫
> 師輩，奇態盡埋沒。纖枝無蕭灑，頑幹空突兀。乃悟埃塵心，難狀
> 煙霄質。我去浙陽山，深山看真物。〔註8〕

拋開韋偃的父親不提，此處提到的畢宏、韋偃、張璪三人都是以畫松而得名。
松樹脫離山水畫中的叢樹而成為獨立的畫品，這三個人便是最早見於史料記
載的畫松之人，也是最早見於詩人歌詠的。唐代此類題畫詩使得詩人和畫家
相互促進和啓發，也引導了繪畫詩歌化、文學化的趨勢。古人畫松樹往往喜
以松石點綴於山水之中，在唐代的山水畫中這樣的畫法已然成為一種風氣，
在這種風氣的帶動下，出現了很多著名的松石山水畫家，他們把松石作為山
水的一部分，著意加工，使畫面呈現出「妙之至極」的韻致。唐代張璪寫松，
筆法微妙：

> 常以手握雙管，一時齊下，一為生枝，一為枯枝，氣傲煙霞，
> 勢凌風雨，槎牙之形，鱗皴之狀，隨意縱橫，應手間出，生枝則潤
> 含春澤，枯枝則慘同秋色。〔註9〕

而張璪的「外師造化，中得心源」更是被歷代藝術家所服膺，成為中國
畫論中的千古玉律。然而唐代畫家所繪松樹圖，今仍存世的作品已經非常之

〔註 6〕（宋）《宣和畫譜》，出自何志明、潘運告編著《宣和畫譜》「卷十山水一」，
　　　　湖南美術出版社，1997 年 4 月，第 297 頁。

〔註 7〕同上書，第 365 頁。

〔註 8〕何志明、潘運告編著《唐五代畫論》，湖南美術出版社，1997 年 4 月，第 55
　　　　頁。

〔註 9〕陳高華編著《隋唐畫家史料》，文物出版社，1987 年 10 月。第 337 頁。此乃
　　　　《唐朝名畫錄》中曾記載唐代畫家張璪作畫時的情景。

少。能見到松樹蹤迹的只有傳爲李思訓（651～716 年，一作 648～713 年）所繪的《江帆樓閣圖》（見圖 4）、及其子昭道（生卒年未詳）繪製的《明皇幸蜀圖》（見圖 5）、《春山行旅圖》、唐人所繪《宮苑圖》（見圖 6）、韓滉（723～787 年）的《文苑圖》（見圖 7）等作品。仔細觀察這些作品中對松的描繪，我們可以發現，松樹的形態逼真，針葉的描繪也有了不同的變化，呈現出車輪狀、半圓形等，特徵明顯。這應該算是唐代在畫松方面的長足進步，對後世如何畫松也產生了一定的影響。比如，唐代畫家喜歡畫龍狀古松，這種傳統的審美觀念，至今都深深影響著後人。雖然我們今天所見唐代遺存之松樹圖並不多，但從眾多文獻史料中，卻不難找到唐代人喜歡畫松、研究畫松的種種範例。僅在《全唐詩》中，就收錄了不少關於唐代文人墨客歌詠松樹圖之作，杜甫、劉商、元稹、李商隱就是其中的名家，如杜甫《題李尊師松樹障子歌》，就將松樹形容爲「虬龍」、「仙客」，並有題「畫松詩」〔註 10〕；元稹畫松，則稱松爲「枯龍」〔註 11〕；皎然將松喻爲「龍」、「高人」〔註 12〕；

〔註10〕（唐）杜甫《題李尊師松樹障子歌》：
老夫清晨梳白頭，玄都道士來相訪。握髮呼兒延入戶，手提新畫青障。障子松林靜杳冥，憑軒忽若無青。陰崖卻承霜雪幹，偃蓋反走虬龍形。老夫平生好奇古，對此興與精靈聚。已知仙客意相親，更覺良工心苦。松下丈人巾屨同，偶坐似是商山翁。悵望聊歌紫芝曲，時危慘澹來悲風。
（唐）杜甫《戲爲雙松圖歌》：
天下幾人畫古松，畢宏已老韋偃少。絕筆長風起纖末，滿堂動色嗟神妙。兩株慘裂苔蘚皮，屈鐵交錯回高枝。白摧朽骨龍虎死，黑入太陰雷雨垂。松根胡僧憩寂寞，龐眉皓首無住著。偏袒右肩露雙腳，葉裏松子僧前落。韋侯韋侯數相見，我有一匹好素絹，重之不減錦繡段。
已令拂拭光凌亂，請公放筆爲直幹。
〔註11〕（唐）元稹《畫松》：
張璪畫古松，往往得神骨。翠帚掃春風，枯龍戛寒月。流傳畫師輩，奇態盡埋沒。纖枝無蕭灑，頑幹空突兀。乃悟埃塵心，難狀煙霄質。我去浙陽山，深山看真物。
〔註12〕（唐）皎然《觀裴秀才松石障歌》：
誰工此松唯拂墨，巧思丹青營不得。初寫松梢風正生，此中勢與真松爭。高柯細葉動颯颯，乍聽幽颸如有聲。左右雙松更奇絕，龍鱗麈尾仍半折。經春寒色聚不散，逼座陰陰將下雪。荊門石狀凌璵璠，蹙成數片倚松根。何年蕢蕢苔黏迹，幾夜潺潺水擊痕。裴生詩家後來客，爲我開圖玩松石。對之自有高世心，何事勞君上山屐。
又《詠敲上人座右畫松》：
寫得長松意，千尋數尺中。翠陰疑背日，寒色欲生風。真樹孤標在，高人立操同。一枝遙可折，吾欲問生公。

李商隱《李肱所遺畫松詩書兩紙得四十一韻》還稱松爲「君子」、「壯士」〔註13〕。

圖4：（唐）李思訓《江帆樓閣圖》局部　　圖5：（唐）李昭道《明皇幸蜀圖》

〔註13〕　（唐）李商隱《李肱所遺畫松詩書兩紙得四十一韻》：
萬草已驚露，開圖披古松。青山遍滄海，此樹生何峰。孤根邈無倚，直立撐鴻濛。端如君子身，挺若壯士胸。樛枝勢天矯，忽欲蟠拏空。又如驚螭走，默與奔雲逢。孫枝擢細葉，旖旎狐裘茸。郁顛蒨發軟，麗姬眉黛濃。視久眩目睛，倐忽變輝容。辣削正稠直，婀娜旋敷峰。又如洞房冷，翠被張穹籠。亦若暨羅女，平旦妝顏容。細疑襲氣母，猛若爭神功。燕雀固寂寂，霧露常沖沖。香蘭愧傷暮，碧竹慚空中。可集呈瑞鳳，堪藏行雨龍。淮山桂偃寒，蜀郡桑重童。枝條亮眇脆，靈氣何由同。昔聞咸陽帝，近說稽山儂。或著仙人號，或以大夫封。終南與清都，煙雨遙相通。安知夜夜意，不起西南風。美人昔清興，重之猶月鍾。寶筍十八九，香緹千萬重。一旦鬼瞰室，稠疊張羅罿。赤羽中要害，是非皆匆匆。生如碧海月，死踐霜郊蓬。平生握中玩，散失隨奴童。我聞照妖鏡，及與神劍鋒。寓身會有地，不爲凡物蒙。伊人秉茲圖，顧眄擇所從。而我何爲者，開顏捧靈蹤。報以漆鳴琴，懸之真珠櫳。是時方暑夏，座內若嚴冬。憶昔謝四騎，學仙玉陽東。千株盡若此，路入瓊瑤宮。口詠玄雲歌，手把金芙蓉。濃藹深霓袖，色映琅玕中。悲哉墮世網，去之若遺弓。形魄天壇上，海日高瞳瞳。終騎紫鸞歸，持寄扶桑翁。

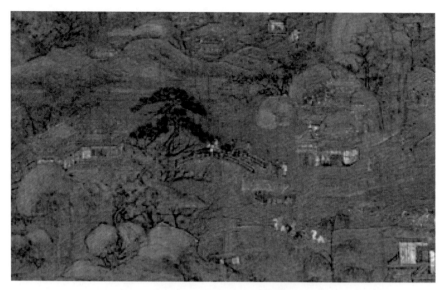

圖6：（唐人）《宮苑圖》

圖7：（唐）韓滉《文苑圖》

唐人畫松，比象飛龍蟠虬；而宋人畫松，措意綠野仙蹤，兩個朝代的拐點就出現在五代亂世時期。五代十國時期，中國的社會動亂紛爭，這樣的大亂局面致使當時許多畫家紛紛隱居，他們隱逸於山林之中，卻也沒有忘記致力於研究山水畫的新畫法。於此同時，對松樹的研究也有了新的進展和突破。在眾多畫家中，最值得我們注意的莫過於生活於唐代末年至五代時期的繪畫大家荊浩（約 850～？）。五代後梁的荊浩在動亂時期，一直隱居於太行山的「洪谷」，一邊「耕而食之」，一邊深入太行山，身體力行的觀察大自然，在山中他「登神鉦山四望，回迹入大岩扉，苔徑露水，怪石祥煙，疾進其處，

皆古松也。」那「皮老蒼蘚，翔鱗乘空，欲附雲漢」的古松，使他倍感驚訝，「攜筆復就寫之，凡數萬本，方如其眞。」〔註 14〕荊浩對松樹的畫法有自己獨特的見解：

> 子既好寫雲林山水，須明物象之源。夫木之生，爲受其性。

〔註 15〕

他認爲在山水畫中，如果要創作山和山中的林木，就必須得先掌握物象的生長規律及各自的特徵。而眾所周知，不同樹木的生長過程肯定會受到先天和後天因素的影響，所謂先天，指的是樹木生長的特性，而後天則是指生長環境不同而對樹木的制約和影響。因此：

> 松之生也，枉而不曲，遇如密如疏，匪青匪翠，從微自直，萌心不低。勢既獨高，枝低復僵。倒掛未墜於地，下分層似疊於林間，如君子之德風也。有畫如飛龍蟠虯，狂生枝葉者，非松之氣韻也。

〔註 16〕

「比德」的思路，貫穿於荊浩對松樹精神氣質的理解。他曾經創作過《異松圖》，還因此圖寫了《古松贊》：

> 不凋不容，惟彼貞松。勢高而險，屈節以恭。葉張翠蓋，枝盤赤龍。下有蔓草，幽陰蒙茸。如何得生，勢近雲峰。仰其擢幹，偃舉千重。巍巍溪中，翠暈煙籠。奇枝倒掛，徘徊變通。下接凡水，和而不同。以貴詩賦，君子之風。風清匪歇，幽音凝空。〔註 17〕

此外，荊浩在南齊理論家謝赫（公元 479～502 年）提出「六法」論之後，又在自己的《筆法記》中提出了關於「六要」的繪畫理論，雖然「六要」的畫法並非只針對畫松而言，但在這個理論中，荊浩強調了繪畫中墨的重要程度及用法，即水墨渲染的畫法。這樣的技法也是自中唐之後，中國畫的繪畫技法不斷探索創新，推移演進在理論上的反映。因此，「六要」無論是對畫山

〔註 14〕　（五代）荊浩《筆法記》，出自何志明、潘運告編著《宣和畫譜》，湖南美術出版社，1997 年 4 月。第 250 頁。這段主要描繪荊浩身體力行，深入太行山寫生，觀察到眾多松樹之貌，並對松樹姿態及外形質感的描繪。

〔註 15〕　同上書，第 255 頁。可見荊浩畫山水圖，對山水的物象之源，天生之本性都熟記於心，對樹木的習性、生長規律及特徵更加是瞭如指掌。

〔註 16〕　同上書，第 255 頁。

〔註 17〕　同上書，第 255 頁。此《古松贊》同出自荊浩的《筆法記》，荊浩曾的一老人指點其作品《異松圖》，領悟其中畫松之道理，作成古松之後寫下此贊詩，詩中表現出荊浩深入觀察各種松樹姿態，對松樹入畫頗有研究。

水畫，還是對畫松樹來說都是當時非常重要
的理論。據記載，五代十國時期，人們對松
樹的稱呼有「古松」、「貞松」之類的叫法。
可見，當時的人們對松的崇敬之情源於它蒼
勁始終，不會凋零的氣節。當時的山水畫中
也有很多以「古松」來命名的作品，比如《古
松峻峰圖》、《石岸古松圖》等等。與此同時，
這個時代畫松樹往往用於隱喻「君子」或者
「高士」。而此時，在畫中也出現了明顯借物
喻人的例子，畫松樹而標其爲「君子」、「高
士」者。這樣的作品在前代實乃甚爲罕見，
可謂是開繪松喻人之先河。而從傳爲荊浩名
作的《匡廬圖》（見圖 8）中所繪松樹來看，
的確，圖中松樹氣概宛如頂天立地之大丈
夫，氣衝雲霄，不負「高士」之名。而從山

圖 8：傳（五代）荊浩《匡廬圖》

水畫的寫實技法上來看，筆墨技法較唐人精進、成熟，可以說將松樹畫推向
了一個新的發展高峰。但由於長期戰亂之故，因此五代時期，畫松畫家之名
極少見於史籍記載，現所知道的，除荊浩之外，善寫松柏，畫松石的畫家應
該還有後周的釋德符（生卒年代不詳）、前蜀的姜道隱（生卒年代不詳）。

　　而至宋代，宋人對於松樹的喜愛程度超過了前面所提及的各個朝代。在
宋人眼中松樹爲「眾木之長」，宋人尊稱松樹爲「公侯」，並「名爲宗老」。此
時繪畫開始注重於畫理的發展建設，因此，以上這些方面都引導宋人開始對
松樹的物理特性以及畫法進行深入細緻的研究，也大大推動了宋代松樹畫的
發展。北宋郭熙（約 1000～1080 年），善畫山水寒林，著有《山水畫論》，對
四季山水的不同畫法有著深入研究：

　　　　春山淡冶而如笑，夏山蒼翠而如滴，秋山明淨而如妝，冬山慘

　　　　淡而如睡。〔註18〕

〔註18〕 （宋）郭熙《山水訓》，出自何志明、潘運告編著《宋人畫論》，湖南美術出
　　　　版社，1997 年 4 月，第 244 頁。郭熙從一個畫家的視角，通過借用霧氣的特
　　　　點來描寫四季山巒之景色。對四季山水畫的不同描繪對宋代及宋代之後的各
　　　　代畫家都有頗深影響。

他善於放手作長松巨木，認為「大山堂堂為眾山之主，長松亭亭為眾木之表。」〔註19〕米芾（公元 1051～1107 年）所繪的《海嶽庵圖》（見圖 9）中可見：「松針百餘樹，用鼠鬚筆剔針，針凡數十萬，細辨之無一敗筆，所以古人筆墨貴氣足神完。」〔註20〕

圖 9：（宋）米芾《海嶽庵圖》

宋代文官宋迪（生卒年代不詳）則「多喜畫松，而枯槎老栝，或高或偃，或孤或雙，以至於千株萬株，森森然殊可駭也」。〔註21〕李唐（618 年～907年）、馬遠（約生活於 1140～約 1225 年）也曾多次於他們的創作中出現松樹的形象。《宣和畫譜》卷十五：〈花鳥緒論〉中對松樹的畫法有著這樣的解釋：

　　而松竹梅菊，鷗鷺雁鶩，必見之幽閒。至於鶴之軒昂，鷹隼之

　　擊搏，楊柳梧桐之扶疏風流，喬松古柏之歲寒磊落，展張於圖繪，

　　有以興起之人之意者，率能奪造化而移精神，遐想若登臨覽物之有

〔註19〕同上書，第 244 頁。郭熙《林泉高致》中關於松樹及山川的美學思想。郭熙認為松樹在眾樹之中可以起到表率作用，為眾木之尊長也。

〔註20〕俞劍華著《中國畫論類編・下卷》，人民美術出版社，1957 年 12 月，第 932頁，此段文字作品出自（清）錢杜撰《松壺畫憶》中對米芾所繪作品《海嶽庵圖》中松針的描繪的一段點評。

〔註21〕陳高華編著《宋遼金畫家史料》，文物出版社，1984 年 3 月，第 321 頁。其中在《圖繪寶鑒》卷三《宋》中對宋迪繪畫有以上簡單概括之評述。

得也。〔註22〕

　　宋人不僅畫松，對如何畫松也研究頗深，在韓拙（生卒年代不詳）的《山水純全集》「論林木」篇中，對如何畫松及松樹在眾多樹木中的地位和象徵有著非常詳盡的闡釋：

　　　　大凡取捨用度，以木貴蒼健老硬，其形甚多：或聳而迸枝者，或曲折而俯仰者，或躬而若揖者，或如醉人狂舞者，或如披頭仗劍者，皆松也。〔註23〕

　　可見在當時的畫家筆下，松樹形態萬千。而松樹的地位似乎也高其他樹木一籌，且松者公侯也，爲眾木之長，亭亭氣概，上盤於空，勢鋪霄漢，枝迸而覆桂，下接凡木，一貴待賤，如君子之德，周而不比。把松樹的姿態比作是君子的品德，認爲松樹與其他樹木挨近卻不連接，正如「君子之交淡如水也」。而松樹互相之間的形態則是：偃蓋而枝盤、頭低而腰曲者，爲異松也；皮老蒼鱗、枝枯葉少者，爲古松也。右丞曰：

　　　　松不離於弟兄。謂高低相立。如亦有子孫，謂新枝相續。爲幼松者，其梢凌空而聳出，其針交結而陰重也。〔註24〕

　　再來看看宋人畫松的規模和格局。總結起來，宋畫中的松樹形式多樣，可大可小。大至巨幅長卷縱軸，小到扇面。而描繪松樹的數量也多少不一，有獨松，雙松，也有松林。既有整棵屹立的松樹，也偶有出現截頭折枝的松樹造型，可謂變化多樣。關於松樹畫的題名更是新意別出。僅以郭熙所繪製過的松樹圖而言，就有獨松，雙松，雙松配石，三、五、六株松樹，參天古木與喬松入畫，長青松，夏景、秋景中的松石，雪中松樹，飛瀑松石，松林亭子等各類題材和松樹相搭配。（見圖10）而老鷹、仙鶴等動物也相繼出現在松樹圖中，取其吉祥寓意。歲寒三友（松、竹、梅）中當然也少不了松樹。（見圖11）這些題材，有的象徵著松樹的高古堅貞，有的是爲了表達祝福吉祥的含義。

〔註22〕（宋）《宣和畫譜》，出自何志明、潘運告編著《宣和畫譜》，湖南美術出版社，1997年4月，第27頁。

此段話中，可以明顯看出，在宋代「以物比興」的畫法已經開始普及並流行起來，松樹、梧桐、楊柳、竹、梅花、菊花等都在畫面中有了特定的含義。

〔註23〕（宋）韓拙《山水純全集·林木篇》，出自何志明、潘運告編著，《宋人畫論》，湖南美術出版社，1997年4月，第75頁。

〔註24〕（宋）韓拙《山水純全集·林木篇》，出自何志明、潘運告編著，《宋人畫論》，湖南美術出版社，1997年4月，第75頁。

圖 10：（宋）郭熙《早春圖》局部

圖 11：（宋）趙孟堅《歲寒三友圖》

　　從現存宋人作品上來看，松樹的主要畫法是以水墨爲主，偶爲青綠、淺絳、沒骨諸法。當時畫松之人甚多，再加上每個畫家的師承不同，創作風格也各具特色，遂使得宋代畫松隊伍蔚爲壯觀，而形式和風格也變得豐富多彩。大家輩出的宋代，既有北宋的李成（919～967年）、郭熙、王詵（1048～1104年）等人畫松之筆墨氣骨爽朗、揮灑自如；又有米芾等大家在滲透力極強的宣紙上以潤澤的淡墨畫松，追求平淡天眞的墨趣；亦不乏趙伯駒（1120～1182年）、趙伯驌（1124～1182年）青綠畫法的松樹，金碧輝煌，具有富貴氣；（見圖12）當然劉松年（約1155～1218年）筆下的松樹嚴整謹細；馬遠（1190～1279年）、夏圭（生卒年代不詳）所繪松樹的骨骼清奇；僧人法常（生卒年代不詳）的寫意松樹，無一不影響到後代。

圖12：（宋）趙伯驌《萬松金闕圖》

　　縱觀宋代繪畫成就，因當時受到理學之風盛行的影響，因此在繪畫技法上，畫家講究筆墨，重視畫面的意趣和自己的理想相結合，在一定程度上可謂已開文人寄興畫之端倪。宋人作品中，畫家注重將山水畫之美與萬物之理進行連接，用畫筆架設起一座由美感通向理義的橋梁。當時畫家的繪畫理念以清淡雅致爲主，從畫中靜悟人生哲理，可謂

圖13：（南宋）夏圭《松溪泛月圖》

「道足胸懷，神棲浩然」。而畫家筆下的描繪對象多爲明月清泉，古松幽居，有仙鶴爲伴，靜聽松風，臥遊林間。山水畫中充滿了文人歸隱的思想志趣。士子文人往往隱居山林，與三、五松爲伴，於清泉之側造三兩間茅屋，對酒當歌，吟詩作畫，自得其樂。（見圖13）而究其繪畫背後的實質，則爲摒棄塵世的功名誘惑，泯滅內心的進退。

1.2 松樹在繪畫中的豐富內涵

在元以前的古典文明中，松樹不僅有著倫理、宗教方面的深刻含義，在繪畫中更是一種美的符號和象徵。畫面中，不同的背景，配上松樹，可能就表示不同的含義和內容。歸納起來，無外乎以下三種：

第一種、長壽或得道成仙的象徵。作爲宇宙中的一種生物，人是渺小的，而人的生命也是短暫而有限的。然而，大自然對於樹木的生命卻顯得格外寬容。它們可以櫛風沐雨，閱盡風雲變化，歷盡滄桑歲月卻依然傲視人間。松柏便是此類長壽的樹種，古人稱松爲「蒼顏叟」。面對松柏，人們越發感歎自己生命的短暫。

> 世有千年松，人生詎能百。〔註25〕
> 人生非寒松，年貌豈長在。〔註26〕
> 螻蛄啼青松，安見此樹老。〔註27〕

從這些古詩詞中，我們不難看出人們對松柏長青的仰慕之情。人們往往以蒼龍、虬龍來形容松樹的枝幹。認爲松樹本身便具有「蒼龍怒欲凌霄去，一種縱橫勢更雄」的氣勢。而松樹虎伏龍騰的獨有姿態也是其他的嬌花寵柳所不能與之相比的。用龍蛇來比喻松樹的枝乾與仙道思想有一定的聯繫。而松鶴延年的寓意更加強化了松樹作爲長壽的象徵寓意。在中國古詩中，有不少提及松樹的詩句，而這些詩句中，松樹往往又是長壽的象徵：

> 常青松迎客，萬壽黃山巔。鶴童仙叟至，蒼枝攬月懷。〔註28〕

第二種、堅貞不屈氣節的堅守。所謂氣節，在中國傳統文化的範疇內是作爲對仁人志士品行人格評定的一種衡量標準，也是評價一種社會風氣是否清明的標準之一。因此，有無氣節或者氣節高下與否，就成爲中國歷代文人評價一個人物亙古不變的尺度。中國知識分子歷來都有重氣節輕名利的優良傳統。而中國人對「氣節」品質中所表現出來的那種隱忍、堅忍不拔、不屈不撓的特性最能聯想到的植物便是青松。松樹具有頑強的生命力，這種堅貞

〔註25〕陳文新編《歷代草木詩選》中傅玄《詩》，雲南人民出版社，1988年12月，第97頁。

〔註26〕（清）曹寅、彭定求等編著《全唐詩》卷一六一，李白《古風五十九首》十一，中華書局據揚州詩句本點校本，2005年，第5538頁。

〔註27〕同上書，卷一百八十三，李白《擬古十二首》，其八中華書局據揚州詩句本點校本，2005年，第6420頁。

〔註28〕陳文新編《歷代草木詩選》，雲南人民出版社，1988年12月。第101頁。

的生活態度既爲人們所欣賞，也是松樹所固有的。「高崖表、幽澗陲、深澗底」各種惡劣的環境都阻止不了松柏蓬勃的生長。松柏經多不凋，臨風不倒，雪不能摧毀其意志，寒風亦不能改變其堅韌的性格。松樹憑藉著固有的堅貞品性，貞守著自己的節操，歷來爲人們所讚頌，而詠松的詩詞更是不勝枚舉。南朝時期的范雲在《詠寒松》中寫道：

> 修條拂層漢，密葉障天潯。凌風知勁節，負雪見貞心。〔註29〕

這首詠松詩，是對松樹堅貞不屈品質的高度讚美。

> 十八公在寒岩上，獨冒風霜耐歲寒。〔註30〕

抗寒，不畏寒冷的意志可以說是松樹風格的代表。松樹具有「蟠根錯節氣猶龍，受盡風霜不改容」的精神。往往在寒冬臘月「旁人不識歲寒松，憐殺深山大雪封，」只有等到「待得化爲東海水」，才發現「藍天紅日睡蒼龍」，說的就是松樹的這種氣節。

第三種、淡泊清高志向的追求。松樹往往與竹、梅並稱「歲寒三友」。這三種植物最早被這樣稱謂應該始現於宋代。宋人林景熙的《五雲梅舍記》中載：

> 即其居累土爲山，種梅百本，與喬松、修簧爲歲寒友。〔註31〕

中國古人對松竹梅這三種植物一直充滿了一種特殊的情感，而關於這三種植物的詩歌和文章早在兩千多年前就已經出現。我國現存最早的詩歌總集《詩經》裏就有一些詠竹名句：

> 瞻彼淇奧，綠竹琦琦。〔註32〕

孔子在《論語・子罕》中則對松樹讚美有加，稱之爲：

> 歲寒，然後知松柏之後凋也。〔註33〕

〔註29〕陳文新編《歷代草木詩選》，第 24 頁。

〔註30〕同上書，第 77 頁。

〔註31〕（宋）林景熙著《霽山集》四《五雲梅舍記》，中華書局，1960 年 2 月。第 117 頁。其中提到了松、竹、梅爲歲寒三友之意。

〔註32〕（南宋）朱熹著《詩經集傳》，上海古籍出版社，1986 年，及姚小鷗著《詩經譯注》，當代世界出版社，2009 年 1 月，第 67 頁。出自《詩經・衛風》題爲《淇奧》一詩中的名句。整首詩爲：「瞻彼淇奧，綠竹猗猗。有匪君子，如切如磋，如琢如磨。瑟兮僩兮，赫兮咺兮，有匪君子，終不可諼兮！瞻彼淇奧，綠竹青青。有匪君子，充耳琇瑩，會弁如星。瑟兮僩兮，赫兮咺兮，有匪君子，終不可諼兮！瞻彼淇奧，綠竹如簀。有匪君子，如金如錫，如圭如璧。寬兮綽兮，猗重較兮，善戲謔兮，不爲虐兮。」

〔註33〕本句出自《論語・子罕》，參見程樹德著《論語集釋》，中華書局，1997 年，第 56 頁。劉宗志著《論語解讀》，貴州人民出版社，2009 年 7 月，第 47 頁。

而漢賦中也能覓到專門賦松的文章。中國古人特別青睞和喜愛松、竹、梅這三種植物應該是有一定原因的，具體分析歸納如下：一，這些植物本身的生長習性使得它們被人們所鍾情。松樹竹子都屬於長青植物，冬天也不會枯萎凋零，而梅花則具有「凌寒獨自開」的個性，這種「我花開後百花殺」不畏嚴寒酷暑的生物性使得它們不同於眾多別種植物，因此人們認為它們具備一種高貴的品質，這種硬朗的品質又被中國人常用於借喻或象徵某種美好的品格。某種程度上，它們的地位已經脫離植物性而上升到了精神高度。二、中國古人特別喜歡託物言志的風格，無論是詩歌或是繪畫藝術，這種風格始終佔據著主導地位。人們通過繪畫來宣洩情感，表述內心或反應一定的社會思想，從而使觀畫者能體味畫中之意，產生共鳴。而松、竹、梅恰好能幫助人們來表達這樣的願望。比方說松樹象徵著堅貞不屈，而竹子因為竹節是空心的，所以代表著虛心和有節氣。梅花綻放在初春，所以是希望和春天的代表。這三種植物也代表了快樂、吉祥、平安、幸福等。有這些美好的寓意附身，「歲寒三友」自然成為了人們爭相描繪的對象。

1.3　常見的松柏題材繪畫

1、松石

松樹、怪石相結合，這是歷代文人畫家喜歡入畫的題材之一（見圖14、15）。老松的挺拔蒼翠與怪石棱角分明的質感相配合，常常被畫家喻為堅貞不屈，清高孤傲的象徵，也暗含君子之風的意思。松樹代表著雄偉、超凡脫俗，這種精神內涵與沉默的隱士十分相似。郭熙曾在他的《山川訓》中有這樣一段介紹石的語句：

　　　石者，天地之骨也，骨貴堅深而不淺露。〔註34〕

圖 14：（元）盛懋　圖 15：（元）吳鎮
　　　　《松石圖》　　　　　《松石圖》

〔註34〕　（宋）郭熙《山川訓》，出自何志明、潘運告編著《宋人畫論》，湖南美術出版社，1997 年 4 月。第 245 頁。

而許多松石圖中頑石的形態又酷似一位樹蔭下沉思的老者，這和偉岸、雄壯的松樹形成呼應。古松的無語、靜默與頑石的獨立、肅靜和諧地融匯在一起。石頭與樹相輔相成，缺一不可，有石頭的地方必有樹木的生長。樹木的形態和石頭的狀態、紋理相映襯。而樹木的生長又由於岩石的分佈和地貌的不同，而姿態各異。奇特的樹配以怪石更顯古雅。

歷史上有姓名記載，始畫松石者，應爲唐代的韋偃與張璪二人。其中又以張璪更爲專注於松石的創作。在當時的士大夫筆下，松石卓然不群的個性，常常被用來作爲表達耿介不屈，特立卓行的高潔情操的象徵之物。在這種情況下，張璪畫松石自然不是簡單地爲松石寫眞，而是以松石來表現自己的內心世界，這是簡單的模寫所難以企及的，因此張璪筆下的松石就更具有此類題材的代表性。由於張璪潛心研究松石題材的創作，因此他不僅能夠把握石頭的質感，更能夠進一步把握群山大川的質感，因此他筆下的山水樹石：

則高低秀麗，咫尺重深，石尖欲落，泉噴如吼。其近也，若逼人而寒；其遠也，若極天之盡。〔註35〕

而張彥遠在自己的《歷代名畫記·論畫山水松石》篇中也提出這樣的觀點：

山水之變，始於吳，成於二李。樹石之狀，妙於韋偃，窮於張通。〔註36〕

2、松風

「松風」這個名詞因爲代表著深層次的暗示而讓它除了字面之意外有了更多其他的含義，從而這個詞語也因此變的鮮活生動起來。松樹在歷代通常用於一些隱喻，例如指代高潔之士。松樹是常青樹，這就如同高潔之士，永不變色凋零，不似那些每逢寒多來臨就會枯敗的落葉樹。而這些高潔之士（松樹）也應該是帝王君主的重要人才之選。但是，在春秋時期，以莊子爲代表的道家思想卻反對把人才比作樹木的思想觀念。《莊子山木》中曰：

材得終其天年，今主人之雁，以不材死；先生將何處？」莊子笑曰：「周將處乎材與不材之間。材與不材之間，似之而非也，故未免乎累。若夫乘道德而浮遊則不然，無譽無訾，一龍一蛇，與時俱

〔註35〕陳高華編著《隋唐畫家史料》，文物出版社，1987年10月，第338頁。此段文字出自《太平廣記》卷二百二十《張藻》一文中對其繪畫風格的描述。
〔註36〕（唐）張彥遠《歷代名畫記》卷一《論畫山水松石》，人民美術出版社，1963年，第15頁。

化，而無肯專爲；一上一下，以和爲量，浮遊乎萬物之祖，物物而
不物於物，則胡可得而累邪！此神農、黃帝之法則也。若夫萬物之
情，人倫之傳，則不然。合則離，成則毀；廉則挫，尊則議，有爲
則虧，賢則謀，不肖則欺，胡可得而必乎哉！悲夫！弟子志之，其
唯道德之鄉乎！〔註37〕

　　莊子認爲樹木因不能成材而得以頤享天年，此乃明智之舉。在他的理念
中，樹木不在乎是否高大挺拔，是否枝繁葉茂，如其長的其貌不揚，不適合
製作家具、船舶等，並不等同於它們就不成材，卻因此可以不受外物的拘役
和勞累，自由生長，終其天年。而莊子的這種歸於自然的思想又在後世被唐
代的杜甫所極力反對。杜甫的觀念與莊子恰恰相反，立場也相對。杜甫認爲
人應該和樹木一樣因爲自己的才能而被充分的利用。在杜甫的《遣興五首》
詩中，我們很容易發現這種思想的存在：

　　　　蟄龍三冬臥，老鶴萬里心。
　　　　昔時賢俊人，未遇猶視今。
　　　　嵇康不得死，孔明有知音。
　　　　又如壟底松，用捨在所尋。
　　　　大哉霜雪幹，歲久爲枯林。〔註38〕

詩中杜甫急切地希望伐木者能夠尋覓到適合作爲木材的木料。在詩歌裏，也
隱喻了杜甫羨慕蟄龍（這裡的蟄龍指代諸葛亮），認爲他被賢明的君主發現和
重用，所以能夠充分的施展其個人的才華。而老鶴（嵇康），就沒如此幸運，
他雖然也滿懷一腔報國熱情，卻未曾覓到良機及賢君，因此杜甫無不爲他惋
惜。在詩的最後兩句中，杜甫將松樹比作賢才之士，用此來作爲象徵探討關
於人盡其材的思想。有識之士偶而會覺得生逢其時（更多的時候，則會覺得
自己生不逢時），碰巧能覓得知音（但更多的時候會覺得難尋知己），這就如
同松樹一般，即使枝繁葉茂的大松樹也會隨著歲月的流逝而逐漸被風霜雨雪
所摧毀。

　　既然要探討的是關於「松風」的話題，那麼除了松樹之外，「風」又有何

〔註37〕（戰國）莊周原著，出自郭慶藩撰《莊子集釋》，中華書局，2004年，第165
　　　　頁。又見《莊子全譯》，張耿光譯注，貴州人民出版社，2009年3月，第187
　　　　頁。
〔註38〕（清）曹寅、彭定求等編著，《全唐詩》卷二一九，中華書局據揚州詩句本點
　　　　校本，2005年，第2479頁。

種含義呢？在古代，「風」這個字本來就是一種詩體的稱謂。正如《詩·大序》中所提及的：

> 故詩有六義焉：一曰風，二曰賦，三曰比，四曰興，五曰雅，六曰頌。上以風化下，下以風刺上。主文而譎諫，言之者無罪，聞之者足以戒，故曰風。至於王道衰，禮義廢，政教失，國異政，家殊俗，而「變風」「變雅」作矣。國史明乎得失之迹，傷人倫之廢，哀刑政之苛，吟詠情性，以風其上，達於事變而懷其舊俗者也。故變風發乎情，止乎禮義。發乎情，民之性也；止乎禮義，先王之澤也。是以一國之事，繫一人之本，謂之風；言天下之事，形四方之風，謂之雅。雅者，正也，言王政之所由廢興也。政有小大，故有小雅焉，有大雅。頌者，美盛德之形容，以其成功告於神明者也。是謂四始，詩之至也。〔註39〕

風爲「六義」之首，其目的是起到對他人的影響，又可以用於勸諫君主，或者是君主對下屬的一些正確的影響。而在道家的思想理論中有這樣的說法，他們認爲事物被風吹過時都會發出動聽的天籟之音。因此也將松樹被風吹過發出的聲音形容成琴樂絃索振動的自然結果，這是一種奇妙的聯想。

早在宋代之前就已經有人將松和風以某種形式聯繫在一起。據《通志·樂略》記載有一首古琴曲，名爲《風入松》，爲三十六雜曲之一，作者不詳，傳說是晉朝嵇康所作，也有說爲雍門周作，亦有說嵇康僅爲此曲作詞。而在《樂府詩集》中，僧人皎然也作《風入松歌》一首：

【風入松歌】

僧皎然

《琴集》曰：「《風入松》，晉嵇康所作也。」

西嶺松聲落日秋，千枝萬葉風颼颼。

美人援琴弄成曲，寫得松間聲斷續。

聲斷續，清我魂，流波壞陵安足輪。

美人夜坐月明裏，含少商兮照清徵。

風何凄兮飄飀　，攪寒松兮又夜起。

夜未央，曲何長，金徽更促聲泱泱。

〔註39〕（南宋）朱熹注《詩經集傳》，上海古籍出版社，1986年。第18頁。

何人此時不得意，意苦弦悲聞客堂〔註40〕

而宋人也有「風入松」的詞牌名。回望古人關於松樹的詩詞，很多作品都通過對松樹外形的描繪來讚揚松樹的品格從而再昇華到人品的高度，因此千古流傳的描寫松樹的佳句不絕於耳。在此舉例一二。例如：

爲君顏色高且閒，亭亭迴出浮雲間。〔註41〕（王維《新秦郡松樹歌》）

靜將流水對，高共遠峰齊。翠蓋煙籠密，花幢雪壓低。與僧清影坐，借鶴穩枝棲。〔註42〕（白居易《題遺愛寺前溪松》）

王維和白居易的詩作，主要是寫松樹的超然風格。再如，

清風無閒時，蕭灑終日夕。陰生古苔綠，色染秋煙碧。何當凌雲霄，直上數千尺。〔註43〕（李白《南軒松》）

漠漠出群非樺柳，青青不朽豈楊梅。〔註44〕（杜甫《憑韋少府班覓松樹子》）

八月白露降，槐葉次第黃。歲暮滿山雪，松色鬱青蔥。彼如君子心，秉操貫冰霜。〔註45〕（白居易與元微之的《和答詩·和松》）

上述描繪松樹的詩詞，有的著重寫出了松樹壯志凌雲的非凡氣概，有的爲了表現出松樹的堅韌性格。

而以松風入畫的畫家更是在歷史上多有記載，現例舉一二。在介紹元代畫家畫松之前，也以此二位宋代畫家爲例，先來看看宋代松樹圖的繪畫風格及所反映的思想內涵。

李唐（1049～1130），活動於北宋末年至南宋年間。他與蘇軾、黃庭堅、米芾等爲同一時代之人，但卻不屬於文人藝術家圈子之內的成員。李唐選擇在58歲之時考入徽宗的畫院，他善畫山水，人物以及動物，畫風比較嚴謹工整，可能與其當時長期在畫院中供職有一定的關係。李唐的山水畫作品善用斧劈皴表現山石的不同肌理質感，也善於使用青綠設色，因此被宋高宗歸爲

〔註40〕（清）曹寅、彭定求等編著《全唐詩》卷八二零，中華書局據揚州詩句本點校本，2005年，第9340頁。

〔註41〕同上書，第2467頁。

〔註42〕同上書，第2847頁

〔註43〕同上書，第3398頁。

〔註44〕同上書，第2324頁。

〔註45〕同上書，第2983頁。

大小李將軍一派。《萬壑松風》圖（見圖 16）是李唐的代表作品，現藏於臺北故宮，作此圖時，李唐年已七十六歲高齡。該圖之中描繪了突兀的山峰，其間雲霧繚繞，山澗既有奔流而下的清泉，又有濃密林立的松林相伴。以正面構圖的大山之景極爲醒目，而旁邊又不乏松枝搖曳的身影，整個畫面充滿了生機勃勃的感覺。這種繪畫構圖方式和前人的畫法已大相徑庭。范寬也畫山石與松樹，但范寬筆下所繪山石皆高大巍峨如紀念碑一般屹立，給人以肅穆嚴謹的靜態之美。李唐筆下的類似作品卻無處不表現著輕快地流動感，遠景和近景處放眼望去都繪有各種姿態的松樹，到也應了《萬壑松風》之名。在空間關係上，該圖也不如全景式構圖上所表現的山水那麼密切，和范寬筆下松林、山林之間留白的畫法不盡相同，李唐作品中山石和松林是疏密有度的，給人一種強烈的視覺衝擊感，在山水構圖的視覺空間感上也較前代畫家有了更進一步的延續。他所繪山的形態比范寬作品中大山大水的尺寸要小的多，而且也更加的分散。松樹佔據了整幅作品近一半的空間，因此在松樹後方所描繪的群山的比例都隨之顯得更加低矮了。此圖畫面的結構較爲複雜，在畫面中同時描繪了大山正側面的不同層次感，畫面可分前中後三部分的景色描繪。正中近景描繪的是水岸岩石，石質的剛硬質感和水岸的濕潤感相結合。岸邊立有蒼松數株，樹幹曲迴盤旋而上，樹枝繁盛曲張。畫面的中景，陡峭的岩壁，上有雲煙繚繞，山巒之上樹木林立。遠景中則是巨岩接天，嶙峋之感躍然於眼中。峰崖上題有「皇宋宣和甲辰春河陽李唐筆」的字樣。縱觀全圖畫面，只見構圖緊湊，氣勢逼人，高山巍峨，樹木林立，但林間的流水以及雲煙的動態卻疏導了整個畫面給人帶來的緊張神秘的氣氛，沒有予人過分壓抑的感覺，同時這些流動的畫面也暗示了「風」的存在。此外，李唐運用蜿蜒曲折與山間的流水和小徑，將人們的視線隨之牽引環繞於此，讓人的感覺不僅僅停留於巍峨高聳的山峰正面，更能透過山巒覓到兩峰之間深遠的景致。這種空間尺度關係的變化必然會引起筆墨上的改變。整幅畫面的山峰部分用了枯筆小斧披皴的手法，表現出山石的崢嶸和堅硬的質感。山石所用的是較乾的筆法，這種筆法將山石方硬、不同質感肌理的感覺表現的淋漓盡致。與之相反的，在流水和松林的描繪上，作者則盡可能的使用濕筆畫法，畫面潤澤流暢，線條輕鬆明快。畫面中潺潺溪水的輕快之感伴隨著生命力及旺盛的蒼松，這種內在的表現也通過不同的筆墨線條來傳達完成。而松樹和其他樹木則施以淡彩，用了赭墨和石綠的顏色來表現。從《萬壑松風圖》的作品

中，我們發現宋代的繪畫作品在李唐身上漸漸完成了從寫實到寫意的轉變。

圖 16：（宋）李唐《萬壑松風圖》

《靜聽松風》圖（見圖 17）是以松風入畫的另一著名作品，出自馬遠之子馬麟之手。馬麟主要活動於十三世紀左右，從小受父親馬遠的繪畫影響，這些都注定了他今後在繪畫方面的發展。我們所見馬麟的作品，大多都屬於小景冊頁的形式，那種北宋式構圖的大山大水作品在南宋時期已不多見，當時的畫家都以小幅尺寸的作品見長，一邊一角的構圖方式極爲多見。《靜聽松風》圖中，高松迎風，枝葉飄灑，一老者位於松下作靜思狀，旁立一小童。整幅作品畫面的重心落在畫幅的中段部分，我們的視覺會被佇立於畫面左下角的兩位持扇的童子所牽引，由他們將視線帶領著注意到畫面中兩株枝繁葉茂的老松。一般說來，山水畫中的人物，多作爲點景之筆出現，但在此圖中卻不。畫中景物的描寫，都緊密圍繞畫中隱者靜聽松風這一主題展開立意。再觀畫面中倚立在山石之間及堰仰在水邊的兩棵蒼勁古松，這兩棵松樹構成了畫面的主

圖 17：（南宋）馬麟《靜聽松風圖》

體景物。它們和遠山之倩影及近處的潺潺溪水相結合，更顯出山谷的空曠和幽邃。畫家對松下的隱者，尤其做了著意的描繪：隱者頭戴紗巾，細目長鬚，袒露著胸襟，曲膝倚松而坐，表現出一種恬靜瀟灑的儀容。他正在側耳凝神地傾聽著從松蔭間傳來的陣陣風聲，似乎已爲這大自然播送出的美妙聲韻所陶醉。看到此景，不禁使我們想起了東晉陶淵明《歸去來辭》裏的兩句話：

　　　　撫孤松而盤桓，臨清流而賦詩。〔註 46〕

〔註 46〕（晉）陶淵明《歸去來辭》，出自（清）姚鼐《古文辭類纂》，北京市中國書店出版，1986 年 6 月，第 342 頁。原句爲：「景翳翳以將入，撫孤松而盤桓。……登東皋以舒嘯，臨清流而賦詩。」

這幅畫反映的正是這種歸隱者流連於山水的樂趣。古代的文人畫家，把松柏看作是木中之幽韻氣清者，松風清越之聲和高山流水之音，都被視爲天籟。它們一旦入詩入畫，便被賦予有聲的詩歌和無聲的繪畫，並以音樂美的韻味展現出來。這種例子是不勝枚舉的。

在兩宋時期，中國的寫實繪畫發展到了史無前例的鼎盛時期。與此同時，繪畫風格也開始從「寫實」轉變到「寫意」，這種畫風的轉變在當時的代表畫家身上充分得到了體現。這種體現表現在他們所創作的作品之中，作品的外在表現是以「寫實」爲主，而作品的「內涵」部分卻是「寫意」的隱形表現。以李唐、馬麟爲例，在他們的作品中，作者巧妙又平和的將寫實慢慢轉變成了寫意，完成了繪畫的抒情性，這種轉變也基於他們對繪畫的內在性精神的領會及深化。從畫家筆下的作品來看，這些作品表面描繪的是南方和北方自然山川風貌不一的固有特點，但實際上卻是在表達畫家所處不同時代的心理表現和審美意象的轉變。隨著北宋至南宋的朝代交替，以及南宋偏安局面的形成。李唐由北方被迫遷徙到南方，而馬麟則更是進入了腐敗統治的時代。在李唐看來，進入江南地區，不僅是地域上的轉變，更多的則是自己心理上的變化。江南溫潤的氣候在潤澤了植被的同時也浸濕了畫家的畫筆與心田。畫家在此生活良久，內心世界變得敏感而多愁，生活習慣、思想修養等方面都發生了變化，這種變化表現在他的作品上，則構成了其特有的風格。在社會關係上，北宋末年社會的動蕩不安，朝廷內外戰亂紛爭且腹背受敵，北方少數民族的崛起，尤其是靖康之恥更加造成了北宋被迫南遷這樣悲慘局面的誕生。在朝廷內部又有著多個派系，明爭暗鬥。在這樣內憂外患的情況下，畫家的情緒也開始變得激昂慷慨，南宋山水畫一改往日的柔麗之美而變得剛硬、雄強。這種轉變可謂是以李唐爲代表，開一代先河。《萬壑松風圖》恰巧誕生於這個轉折點上，可謂是在繪畫之外又多了一些深層次的含義。而對於馬麟來說，朝廷的紛爭與腐敗，不思北進的消極，則使得他更加嚮往陶淵明式的田園生活，遠離紛爭，只求每天坐於松下，靜聽松風。因此這個時代松風圖的誕生及流行，無一不是和當時的時代背景有著密切聯繫。

3、松與高士或幽人

關於松樹畫的另外一類題材即松樹與高人幽士同時入畫。松樹的樹型特徵明顯，松冠如蓋，而松樹枝葉顏色冷翠凝碧，極顯意境幽寒之感。松一向以淡泊清高示人，有隱逸的味道，這樣的感覺自然成爲歷代隱逸之士所喜好

的植物。在畫家筆下，松樹的出現亦表達了人們追求高逸的情懷。

　　兩宋畫家，多喜畫此題材，在這略舉例一二。

　　宋代馬遠所繪《松下高士圖》（見圖 18）。江南山水的煙霧朦朧之中，馬一角使用淡墨渲染之手法，用以描繪遠山近水。而畫面中心處，則立一蒼松，枝葉繁茂，樹型宛如虬龍。松下倚一老者，側面而坐，面朝遠方，或若有所思，也將觀者的注意力引向虛曠的空間。

圖 18：（宋）馬遠《松下高士圖》

　　元好問（1190～1257）繪《松上幽人圖》。雖此畫已失傳，但不難想像，畫面中可見秋風謖謖松樹枝，仙人骨輕雲一絲，不飲不食玉雪姿。道骨仙風，幽人怡然自得之景也。

　　在徐復觀的文章中曾經提到這麼一段話：

　　　　因爲有了玄學中的莊學向魏晉人士生活中的滲透，所以，除了使人自身成爲美的對象以外，更使山水松竹等自然景物，成爲美的對象圖……〔註47〕

而馮友蘭則認爲：

　　　　儒家以藝術爲道德的工具，道家雖沒有論藝術的專著，但是他們對於精神自由運動的讚美，對於自然的理想化，使中國的藝術大師們受到深刻的啓示。正因爲如此，中國的藝術大師們大都以自然爲主題。中國畫的傑作大都畫的是山水、翎毛、花、樹木、竹子。〔註48〕

　　在各種繪畫作品中，畫面中的樹木形象一定程度上完全可以代表人們的某種精神品格。山水可以取勢，而樹木卻標誌著人們的志趣和性情。畫面中一年四季的變化主要是通過對樹木的描寫來完成的。楊柳春風、桐蔭消夏、

〔註47〕本段文字爲徐觀復的觀點，摘自黃應全《魏晉玄學與六朝山水畫論》，出自《文藝研究》，2001 年第 4 期。第 55 頁。

〔註48〕馮友蘭、趙復三《中國哲學簡史》，生活・讀書・新知三聯書店，2009 年 5 月。第 35 頁。

林泉高致、松柏高潔。各個時期由於不可抗拒的時代因素、社會因素與人為因素的作用，山水畫在具體的精神指向、美學追求、乃至形式、風格、流派上均有不同的表現。就中國山水畫總體而言，不同時期的作品雖各標風韻，自成格局，但其最終結果依然是中國文化整體精神的折射。松柏繪畫藝術的變化與發展為我們提供了豐富的人文內涵，其中不但體現了畫家個人的文化品格，同時也反映了各時期的士人心態及人格蛻變的基本脈絡。

第二章　元代畫松題材的繁榮

2.1 元代文人畫家畫松題材的興起

　　雖然唐宋皆有畫家畫松，但隨著時代的變遷，卻有多寡之別。為此，據陳高華《隋唐畫家史料》、《宋遼金畫家史料》、《元代畫家史料彙編》三書的記載，筆者做了專門的統計。隋唐時期四十三名畫家中有十二名畫過松樹，即畫松畫家占畫家比例為 28%；宋遼金時期八十八名畫家中有十七名畫過松樹，即畫松畫家占畫家比例 19%。而至元朝則情況大變，六十九名畫家中有二十四名畫過松樹，占當時畫家比例的 35%。他們是高克恭、趙孟頫、商琦、李士行、朱德潤、柯九思、唐棣、張舜咨、張彥輔、錢選、羅稚川、黃公望、曹知白、吳鎮、王蒙、邊武、倪瓚、方從義、柏子庭、盛懋、王淵、簡天碧、陳貞、顧園等二十四人，由此可見元代松樹題材在文人畫家之間的廣泛流行。詳情可參閱《附錄一：隋唐五代與宋遼金畫松畫家統計表》。

2.2 存世元代畫家畫松作品概況

　　對於前人畫松寫意的傳統，至元代有了很大的發展，不僅畫松的畫家甚眾而且存世作品也十分豐富。據海內外學者調查所得及公私博物館出版的圖目，筆者對現存元人畫松作品進行了統計，見附錄二《元代畫松圖存世概況表》。從中我們不難看出，元代文人畫家畫松題材的廣泛，他們的作品大致可分為四大類：

　　一：單獨描繪松樹或以松石為主要題材的作品。如李衎的《雙松圖》、吳鎮的《松石圖》、盛懋的《松石圖》、朱德潤的《渾淪圖》、楊維楨的《歲寒圖》、

張遜的《雙鈎圖及松石圖卷》等。

二：松樹與山水相搭配的作品。如錢選的《山居圖》、高克恭的《春山晴雨圖》、黃公望的《富春山居圖》、曹知白的《疏松出岫圖》、吳鎮的《洞庭漁隱圖》、唐棣的《霜浦歸漁圖》、倪瓚的《松林亭子圖》、王蒙的《夏日山居圖》、郭敏的《風雪杉松圖》等。

三：松樹與人物相搭配的作品。如王繹與倪瓚合作的《楊竹西小像》、朱玉的《揭鉢圖》、顏輝的《中峰明本像》、顧善之的《千岩元長像》及佚名畫家的《羅漢圖》等。

四：松樹與山水、人物相搭配的作品。如錢選的《幽居圖》、趙孟頫的《雙松平遠圖》、吳鎮的《秋江漁隱圖》、王蒙的《春山讀書圖》、朱德潤的《秀野軒圖》、唐棣的《長松高士圖》、陸廣的《溪亭山色圖》等。

此外，這些畫家的松樹畫題材作品也並非至今全部流傳於世，有一部分作品業已失傳，只能見於史籍記載。現有遺存可考的作品約爲九十七幅，它們的作者有錢選、李衎、高克恭、趙孟頫、黃公望、曹知白、吳鎮、李士行、柏子庭、柯久思、朱德潤、唐棣、楊維楨、倪瓚、王蒙、張渥、吳瓘、盛懋、陸廣、王繹、張遠、孫君尺、朱玉、張遜、趙雍、王淵、商琦、顏輝、顧善之、月壺、趙衷、盛著、張遜、郭敏等人，但也有些作品的作者已不可尋。現存的這些珍貴的松樹圖遺存大多爲絹本設色，或水墨作品，亦有紙本作品，尺寸不一，橫軸縱軸均有，內容較爲豐富，散藏於世界各地。在中國地區，北京故宮博物院、臺北故宮博物院、上海博物館及各個省市博物館均有此類作品收藏。流傳海外的松樹圖作品大多分佈在美國及日本兩國。例如在美國的普林斯頓大學博物館和大都會藝術博物館內都藏有趙孟頫的松樹圖作品。除此之外，當時部分松樹圖作品現被日本的各大博物館及寺院、個人所收藏。這近百件松樹圖遺存，成爲我們認識當時畫家創作思想的重要史料。

第三章　元代文人畫家的松樹情結

　　元代繪畫，尤其是元代末年的繪畫，風格主題一改前朝追求對自然物趣的描繪，而開始講究筆墨用法，並且重視在繪畫中融入自我的情趣和意識。無論書法抑或是繪畫藝術，神逸都成爲品論繪畫成敗的重要因素，也使得整個元朝成爲我國文人畫特別繁盛的時期。這個時期，歲寒三友（松竹梅）此類的題材尤爲流行。至於畫松樹，因爲它象徵著堅貞的節操、高貴的品格，故也在當時受到時人極大的重視。北宋時期的《宣和畫譜》裏有一段話，被證實早在宋代繪畫之中就已經開始出現以物比興、借物喻志的繪畫方法，這個時候繪畫已經開始講求「畫外之意」了，這段話是這麼說的：

> 　花之於牡丹、芍藥，禽之於鸞鳳、孔翠，必使之富貴；而松、竹、梅、菊、鷗鷺、雁鶩，必見之幽閒；至於鶴之軒昂、鷹隼之擊搏、楊柳、梧桐之扶疎風流，喬松古柏之歲寒磊落，展張於圖繪，有以興起人之意者，率能奪造化而移精神、遐想，若登臨覽物之有得也。〔註1〕

　　實際上在《宣和畫譜》的內容中，除了宋徽宗的思想之外，也貫穿了蘇軾對文人畫的理解，是文人畫所反映的美學思想的一種體現。也就是說，在北宋，雖然當時文人畫觀並不是那麼流行，但是對社會各界也已經產生了不小的影響，並且這樣的影響不僅僅產生於文人士大夫群體之中，更是播及社會各個層面。文人畫的最大特點即是：不僅在畫面內，也要在畫面外去一同尋找畫家所要描繪表現的主題思想。所以，「比興」這種修辭手法在文人畫中，

〔註1〕　（宋）《宣和畫譜》，出自潘運告主編、岳仁譯注《宣和畫譜》，湖南美術出版社，1999 年 12 月，第 310 頁。

尤其是四君子題材的畫面中尤爲流行，得到了全面而廣泛的體現。我們不難發現，繪畫題材的選擇往往能代表這位畫家的精神氣質以及繪畫目的。這一點，在元代繪畫中顯的尤其重要。

　　縱觀北宋畫家的繪畫作品，如郭熙，他對山水畫中山與樹的比例大小進行了調整。在他的作品中，郭熙刻意的將高山的體積一再縮小，而增大各種樹木的體量感，這種調整，其實就是畫家思想的一種轉變。通過畫面展現人們對現實生活中某種精神寄託物的關注，這種關注表現爲畫家對繪畫題材的喜好有所選擇。所以，正如我們在郭熙作品中經常可以看到的那樣，他的作品中，樹總是會出現在畫面中，而給人一種蓬勃向上的生機感。在繪畫技法上，當時主要用的是三遠法中的「平遠」，畫家極其重視畫面中樹木山石的高度及位置關係。但是郭熙並沒有將樹石的比例調整到最佳。在他的作品中，樹木和山石的關係如何擺放，仍舊處於一種探索的階段，不難發現，樹木在畫面中並不是都處於中心位置，也不佔據畫面的主要部分，相反，他想表現的第一物態要素仍然是山石。這種探索以及改變，在元代畫家趙孟頫身上繼續，他在前人探索的基礎上加以新的內容，繼續這種比興的手法。而至元代，樹開始佔據畫面的主要位置，松樹也時常作爲主角出現在畫面中。1302 年前後，趙孟頫創作了著名的《雙松平遠圖》，松樹作爲主要繪畫對象登場。這幅作品可以說是受到北宋李成郭熙畫派的影響，而又有著自己獨特的創新和發展，開始形成元代繪畫特有的體貌風格。近處的松樹與遠景的山石拉開距離，這種特有的構圖方式，實際上是爲了淡化山石在背景中的體量感，而將前景的松樹作爲獨立主體展現出來，成爲主要的表現對象，以書法入畫來描繪松樹也是爲了消弱松樹作爲主體對象存在時所產生的單薄感。這樣做的原因實際上是一種情緒的宣洩，趙孟頫將繪畫的審美情趣從純欣賞角度轉變到對主觀情緒的一種可控的發泄。之後，在以朱德潤、唐棣、曹知白爲代表的「李郭風格」畫派的畫家群體中，畫面中的遠景已經顯得不那麼重要，但是樹，卻被確定爲畫面中相當重要的表現對象，有的時候甚至上升爲整幅作品中的主要表現題材。這個特點在唐棣、曹知白兩位畫家的作品中尤其顯得突出。在美國大都會美術館中收藏的唐棣《王維詩意圖》以及由臺北故宮博物院收藏的曹知白《雙松圖》中，這一特點均表露無遺。這其實就是元代文人繪畫及文人審美理想的一種完美結合，這種特點貫穿於整個元代的松樹題材繪畫作品中。以下就當時畫家的松樹情結按時序作一考察。

3.1　錢選《幽居圖》及其他

　　錢選（1239～1299），宋末元初畫家，浙江吳興人。字舜舉，號玉潭等，與趙孟頫等合稱「吳興八俊」。入元後隱居山林，當起隱逸之士。放乎於山水之間，樂乎於名教之中，讀書彈琴、吟詩作畫，拒不仕元，留戀詩畫以終其身。他的家鄉北靠太湖，山水風光旖旎，更值得以畫筆去表達對故宋、對家鄉的熱愛之情。傳世作品中與松樹題材相關的作品有《幽居圖》、《山居圖》及《山水卷》等。錢選與其之後的元代文人畫家有所不同，他筆下的山水畫以青綠設色爲主，近師南宋趙伯駒，遠溯隋朝展子虔、唐朝李昭道，運筆有生拙之趣，設色明快而不失豔麗，布局張弛得度，疏密有致，自成風貌。

　　《幽居圖》（見圖 19）正是錢選松樹題材青綠山水畫的代表作品。整幅圖給人感覺氣韻幽靜。圖畫中的山石坡岸以青綠淡著色加簡潔清潤的墨線揮寫，樹木叢林也以墨線簡略寫出，筆法與設色法一改趙伯駒精密謹的工麗風格，而爲小青綠簡筆，畫風顯得瀟灑疏落，清淡簡邁。畫面右邊，三五秀石零落坡邊岸角，青松虬曲其上，茅屋掩映樹石之間。湖中正有一葉扁舟緩緩行駛，小舟中兩位文士相對而談。對岸碧峰起伏，高樹間露出古刹一角，蒼松下有茅屋柴門。畫中山石方直有棱，皆以尖細而剛勁的墨線勾勒。凹處的皴法很特別，以極細淡的線條平行排布，被青綠色罩染後幾乎隱約不可見，次要部位甚至無效。山石敷以青綠色，坡腳染赭色，基本爲平塗，因而並不圓轉立體，卻呈現出平面的、裝飾化的特徵。山頭上散佈著渾圓的小苔點，這是全畫最濃重的墨色。遠山則以淡花青直接暈染而成。錢選的松樹及其他樹木畫法有其獨到之處。通常只畫松樹主杆，省去繁複的枝椏描繪。其筆下的扇形松針畫法一般分兩種：一是雙鈎填色，葉與葉間排列得如圖案一樣，具裝飾性；另外一種直接以色筆點畫而成，用各種符號來組成松針的形狀，生動可愛。這兩種畫法皆有寧靜祥和的美感。

圖 19：（元）錢選《幽居圖》

　　而錢選另一幅藏於北京故宮博物院的作品《山居圖》（見圖 20）畫幅從左
至右，畫境漸次展開，開端是大片空濛的水域，一葉扁舟蕩漾於湖面上。畫
面中心部分是一組群山。山下綠樹成林，在樹叢的簇擁下，一處恬適的小院
開啓著柴門，而房中卻空無一人。沿院後小路徑直尋去，在不遠的前方主人
正騎著白馬，帶著小童，跨過橋，去到左岸相鄰的小島上。對岸蒼松數株，
挺立在岩上，岩下雜樹茅舍，的確是一處恬靜優美的隱逸之境。在這幅作品
中，我們注意到，錢選所運用的繪畫形式語言與魏晉時期顧愷之的古拙畫風
頗爲相似。從錢選個人的經歷與情感追求來看，他是元初最徹底的遁世者，
作爲南宋遺民，表現爲消極的抗議，隱居不仕。而《山居圖》無疑是錢選立
志幽棲隱居的自我表白，是其爲自己創造的平和無爭、隔絕塵世、可遊可居、
可止可安的理想境界。

圖 20：（元）錢選《山居圖》局部

　　無論是《山居圖》亦或是《幽居圖》，還有業已失傳的《山水卷》，在題
材的選擇方面，錢選漸漸地趨向於以「隱逸」爲旨的主題，因此松樹自然是
這些作品中具有隱逸含義的最佳創作對象。在《滎陽外史集》卷八十九中有
一首名爲《題錢舜舉「山水卷」》的詩，也強烈的表達了其隱逸的心聲：

　　　　海國青山舊隱居，望鄉千里客心孤。
　　　　西風落照頻看畫，彷彿樓船過太湖。
　　　　山外有山深復深，蒼松紅葉暮雲陰；
　　　　繁華滾滾塵迷眼，不負林泉百歲心。〔註2〕

〔註 2〕（明）鄭眞《滎陽外史集》，上海古籍出版社，1991 年 11 月。第 574 頁。

　　錢選的青綠山水畫與趙伯駒、趙伯驌或更早的青綠山水相比較，所描繪的物象是大不相同的。唐宋的青綠山水，多爲崇山峻嶺、樓閣殿宇、華麗宏偉的皇家氣派；然而錢選的青綠山水景境多爲湖山水村、柴門茅舍，所造之境平淡而具有親切感，正是隱逸文人所追求的理想境界，也是宋元之際動亂紛爭社會中文人的精神家園。可以說在錢選筆下，大青綠開始蘊藉出更豐富、雅致的韻味。「文人意味」並非只能是通過水墨對色彩的代替而表達出來，在青綠山水技法體系內部，在純粹色線的演變軌迹上也出現了此種韻味。此外，錢選在目睹南宋末年國家的衰亡，且自身最終淪爲元人統治下的「四等公民」——南人之後，現實充滿了失意與挫折。爲了使精神上能夠得到最大的慰藉，其毅然選擇了以詩書畫爲樂、寄情於山林，當起隱逸之士。在這兩幅作品中，松樹、隱士在畫面中相得益彰，營造出一種回歸田園怡然自安的意境。由於時代交替，知識分子滿懷苦悶，難有作爲，藝術創作遂成爲宣洩愁緒的最好途徑。正是在這樣特殊的歷史背景之下，才造就了這個時代錢選繪畫的轉型，而他松樹題材的作品也對後來的畫家在此種題材上的創作與發展都起到了不可小覷的作用。

3.2 李衎《雙松圖》及其他

　　李衎（1245～1320 年），字仲賓，號息齋道人，大都（今北京）人。少年孤貧，後充當太常寺小吏，逐步高升，歷官集賢學士、榮祿大夫、光祿大夫，官至從一品，元代畫家中唯趙孟頫與他官階最高。李衎善藝文書畫，擅長畫竹，師從文同，頗有颯颯迎風的情趣。作品有《雙鈎竹圖》、《沐雨圖》等，且所畫墨竹、嫩竹、風竹等，皆姿態富有動感。他還將所見各地之竹的形狀、產地、特色一一著錄，結合畫竹感受編寫了《竹譜詳錄》，供後人參考。李衎的學問修養受元仁宗的器重，他與元明善、趙孟頫常被召入宮廷，與仁宗談文論藝，一時傳爲佳話。李衎還與趙孟頫一起爲友人錢德鈞《水村圖》補竹石，使畫面具有「枝葉翛然常帶雨，坡陀幽處欲飄雲」的生機。〔註3〕

　　李衎畫竹愛竹，自然對竹的清高品質之崇仰，這種追求清高的趣味，既在江湖，亦在廟堂，是一種對人品的追求，也是當時文人情懷的理想。因而他畫竹之外，尚畫有《梧竹蘭石四清圖》、《枯木竹石圖》等，以顯示孤芳自守的清雅志趣。

〔註 3〕陳高華編著《元代畫家史料彙編》，見袁易《靜春堂詩集》卷二，第 177～188 頁，杭州出版社，2004 年 3 月。

其一幅爲汪華玉所作《古木竹石圖》，虞集在《道園遺稿》卷二有詩稱讚云：「松檜蒼茫轉樹腰，鐵石嵯峨偃山腹。」〔註4〕可見李衎筆下的松樹，具有一種高昂奇偉之勢，惜此作今已不存。然而李衎還繪有《雙松圖》，現藏臺北故宮博物院（見圖21）。此圖繪雙松挺立於土坡上，樹之上半部冠蓋茂盛，雙松之頂梢則宛如龍首向天，虬枝四面生發，曲折而富有頑強之勢，雖向下生長，卻有向上昂揚的逆勢，頗具堅韌之力。那尖長的枝頭，更有錐刺的勢頭，彷彿狂野的龍爪。而虬枝上疏密相間的簇葉，如帚形蛟緊抱枝幹，給雙松增添了鬱鬱蔥蔥，奮發向上的氣韻，挺立而秀拔。圖下半部承受冠蓋的松樹主幹，因此更顯得具有擎天負重的氣宇，雖然障節疤洞累累，歷經歲月滄桑，卻

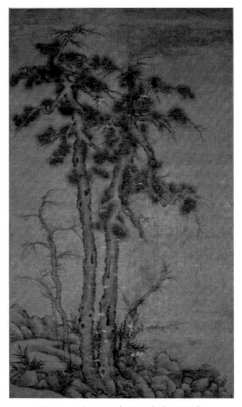

圖21：（元）李衎《雙松圖》

依然蓬勃生發，呈現出高傲的氣質。而圖下半部畫家又綴以落葉的枯木，反襯出雙松鬱勃脫俗。李衎的《雙松圖》，表達出松樹的高潔，與其所繪墨竹同樣具有擬人傳神的內涵，流露出追求高雅貞潔的意趣，抒寫了胸中丘壑。他的畫作，也讓人自然聯想起宋人李成《寒林平野圖》那目空一切，偉岸獨立，虬松向天的意境。

3.3 西域畫家高克恭《春山晴雨圖》及其他

高克恭（1248～1310），號房山，西域人氏，爲色目族人，在元代當時屬於第二等人。由於其家庭受漢文化影響較深，爲他今後的繪畫及藝術發展打下了良好的基礎。元代，作爲一個多民族融合統一的時代，各民族的不同文化在這一時期充分交融。而漢化已久的高克恭，則是宋末元初時期少數民族畫家中非常傑出的代表人物之一。作爲一個在藝術史中承上啓下的畫家，他

〔註4〕陳高華編著《元代畫家史料彙編》，第193～194頁、第198頁、第205頁。

的藝術作品既包含了由宋至元時期藝術風格轉變的特點，又能在作品中呈現出上及五代至北宋前期一些名畫家的風格特色。在他的作品中，對董源、巨然、二米的藝術風貌有選擇性的吸收借鑒而並非簡單的模仿。高克恭的筆下，除了看出對這些名家的技法傳承之外，作品中也有著他對不同種文化的認同，以及作爲一個少數民族畫家用作品抒發自己獨特的心靈表達。他的作品既復古又革新。復古，可謂是對南宋時期院體畫家作品呆板工整秀麗的一種無聲反抗；而革新則意味著元之後文人畫作品的發展風尚發生了根本性的改觀。因此，高克恭對元、明、清的繪畫發展都有著深遠的影響，在元代亦是一位極其重要的畫家。

　　高克恭的作品中模仿米氏父子的畫作佔了很大的比例，因此山水畫題材作品居多，而在這些山水畫作中，有部分作品涉及到松樹題材，可從趙孟頫的《松雪齋文集》卷 5 中《題高彥敬畫二軸》：

　　　　疏疏澹澹竹林間，煙雨冥蒙見遠山；記得西湖新霽後，與公攜杖聽潺湲。萬木紛然搖落後，唯餘碧色見松林；尚書雅有冰霜操，筆底時時寄此心。〔註 5〕

　　及《題高彥敬〈樹石圖〉》：

　　　　喬林動秋風，索索葉白語。堂堂侍郎公，高懷政如許。〔註 6〕

的題詩中略窺一二。然而這些有關松樹的圖軸，因年代久遠，保存不善，多已不存或流於民間。在高克恭可考的作品中《春山晴雨圖》（見圖 22）與《春山欲雨圖》（見圖 23），可謂既是他比較知名的山水畫作品，又爲松樹畫題材的作品。

　　《春山晴雨圖》爲立軸，現藏於北京故宮博物院，絹本設色，縱 125.1 釐米，橫 99.7 釐米。《春山欲雨圖》藏於上海博物館，同爲絹本設色，縱 107 釐米，橫 100.5 釐米。兩幅作品都表現的是春天，春雨欲來的山水景色。畫面均爲遠山近樹的縱軸構圖。畫面中前景的筆墨較爲濃重，而中景及後景則用筆墨輕描淡寫，遠近層次分明。兩幅畫中山巒之境的描繪均與高克恭的代表作《雲橫秀嶺》（見圖 24）中山峰的造型頗爲相似。而近景中的樹則排列整齊。山坡叢林間偶而有溪水流出，松樹柏樹並肩立於石間，兩者形象尤其高大挺

〔註 5〕（元）趙孟頫《松雪齋文集》卷五，出自《歷代書家詩文集》，臺灣學生書局，
　　　　1970 年 6 月，第 347 頁。
〔註 6〕同上書第 356 頁。

拔，在整個畫面中位於主要位置，而其他叢樹則圍繞在它們兩側，傍依斜出，與松樹形成鮮明的對比。再看樹下的山石，多用皴法構成，筆法比較剛硬。而松樹的枝葉松針卻是用濃墨，順著針葉的長勢勾勒而成，松針並不是根根分明，而是順勢而爲之，顯得自然生動。除了松柏之外的雜樹，則都用水墨暈染而成，這種在筆墨技法上的不同處理，更加表現出不同樹種的明顯區別，另外在繪畫技法上也富有更多的變化。兩幅和松樹有關的作品，意境及構圖都極爲開闊。松樹位於畫面的主要位置，其亭亭氣概，高聳雲霄，氣壯山河。望之儼然爲頂天立地不懼風寒的大丈夫，此番作品之中抱節自屈於幽谷，不失爲具有「冰霜操」之高人逸士的象徵。

圖 22：（元）高克恭《春山晴雨圖》

圖 23：（元）高克恭　春山欲雨圖

圖 24：（元）高克恭《雲橫秀嶺圖》

3.4 趙孟頫《雙松平遠圖》及其他

趙孟頫（1254～1322），字子昂，號松雪道人。湖州（今浙江吳興）人。他可以算是元代開文人畫一代風氣的人物。關於趙孟頫的生平經歷以及其藝術風格，研究者眾多，但因他的繪畫風格及藝術特色與其宋宗室後裔身份及仕元經歷均有關係，自半推半就入元爲官後，趙孟頫一直處於兩難及痛苦掙扎的矛盾之中。一方面，身爲漢人，在元代宮廷，必定得不到皇帝的重用，蒙古貴族對漢人尤其是南方漢人的猜忌和防範是在所難免的；另一方面，元代朝廷爲了穩定人心，又不斷籠絡和利用這些宮廷中的漢人，身在宮中，趙孟頫也無法擺脫朝廷對他的利用。而更讓他悲傷的是在江南地區，他仕元的行爲，已足以被看成是前朝的「叛徒」，被人們鄙視，唾罵，不被理解。在這樣的情況下，無法靜心的趙孟頫便把興趣愛好轉向了對藝術的畢生追求。他提倡的「若無古意，雖工無益」的繪畫思想，極力推崇摹古、復古，以復興晉唐以來的傳統文化爲己任。而在繪畫上，除了藝術創作之外，更加講求表達繪畫的深層次思想內涵，寄情於山水，嚮往自由的思想情感，用畫面來寄託自己的感情，眞正做到畫爲心聲。他的繪畫配以詩文提拔，把文人畫的表現形式和內涵推向了一個新的高峰。

趙孟頫號松雪，可見他對凌寒不凋的松雪精神自然是十分敬仰的。其筆下的作品，雖然單獨以松樹爲題材的較少，現有記載的只有《雙松圖》及《雙松便面圖》兩幅，但他善於畫松樹，不少松樹作品均補山水人物，隱松樹於山水之中，賦予松樹不同的含義。楊維楨的《鐵崖詩集》乙集中有《題松雪〈雙松圖〉》一詩，詩中稱水精宮道人所繪之松樹如：「墨池夜半風雨作，驚起蛟龍出匣飛。」〔註7〕可以想像畫面中松樹如蛟龍出水，騰雲空中的氣勢。而在黃玠的《弁山小隱吟錄》卷二《韓伯清所藏子昂〈雙松便面〉》中，明顯是以松樹自喻，將自己比作松樹般不可摧毀，凌寒益堅，展現出奇挺的風格，詩曰：

> 並刀剪水一尺餘，照見亭亭兩松影；玉堂學士自寫眞，令我淒
> 然發深省。聲壑昂霄五十年，健筆如錐有峰穎；蒼髯磔怒知誰嗔，
> 老節猶將見奇挺。直幹斜分水墨痕，攳枝亂結風霜頂；龍鬣已化毛
> 骨殘，雷雨欲來崖谷暝。兔絲懸蔓待茯苓，回首餘光惜俄傾；會稽

〔註7〕楊維楨著、鄔志方注解《楊維楨詩集》，浙江古籍出版社，2010 年 1 月第一版，第 254 頁。

公子多苦心，收拾新詩題小景。〔註8〕

在趙孟頫的傳世作品中，流傳最早且與松樹有關的作品是一幅題名為《幼輿丘壑圖》（見圖25）的手卷，這幅圖也可以說是一幅人物山水圖。圖上無款，唯有趙孟頫的一方印章，以及他兒子趙雍的題跋。在題跋中，趙雍指出，此幅作品為他父親趙孟頫早年所創作，應繪於公元1286年趙孟頫去北京任職之前。圖中所繪坐於松林之中的高士為謝幼輿，即謝鯤。他是西晉時著名的學者，其名言「一丘一壑，自謂過之」，至今仍廣泛被人們所引用。魏晉時期的畫家顧愷之就曾經繪製過謝鯤置身於山林之中的作品，當時的作品善於用自然場景來烘托出人物的性格特徵，曾經深受好評。而趙孟頫有意模擬當年顧愷之的繪畫風貌，重現該作品的風格。作品為橫軸，畫中景物的構圖都依據古老構圖的法則，地面和樹木均沿著中軸線，向兩邊鋪陳開來，畫面的前部描繪有與地面平行的溪流，而謝鯤則置身於松林之中，坐於河岸邊上，雙眼凝視遠方。在前往大都，赴蒙古朝廷服務於忽必烈之前，趙孟頫創作了這樣一幅帶有古意的作品，必定於其中蘊藏著深遠寓意。此畫寄託了趙孟頫深切的亡宋之痛及哀思之情，對自己身不由己的前途既痛心又擔憂。畫面中出現了大篇幅松樹的描繪，一方面看似是為了畫面構圖的需要，另外一方面的真實目的也是希望通過松樹的寓意來寄託自己的氣節，以及堅貞向國的決心。從這幅畫中的題詩也能清楚的感受到趙孟頫心中的苦悶之情：

圖25：（元）趙孟頫《幼輿丘壑圖》

〔註8〕陳高華編著《元代畫家史料》，杭州出版社，2004年3月。第99頁，中提到的黃玠《弁山小隱吟錄》卷下中《韓伯清所藏子昂〈雙松便面〉》圖的題詩。

　　濁世公子何翩翩，風流丘壑妙當年；無端卻被鄰娃惱，不廢嘯
歌猶自賢。小齋松雪對青山，波上閒鷗自在還；文采風流今不見，
空餘粉墨落人間。〔註9〕

題詩者爲宇文公諒，很明顯，詩者用了暗喻的方法，揭示了趙孟頫當時不得
已的痛苦心境，畫面的隱喻之意也就顯而易見，而松樹在這裡則表露出畫家
「寄言謝霜雪，貞心自不移。」的不凡氣節。

　　此外，趙孟頫另存世一幅完全以松樹爲主題的作品《雙松平遠圖》（見圖
26），現藏於美國大都會藝術博物館。此畫右上角有題跋：「子昂戲作雙松平
遠。」畫爲紙本墨筆，縱 26.9 釐米，橫 107.4 釐米。畫面的右邊描繪兩棵古
松，姿態各不相同，一棵筆直向上，一棵虬曲蟠旋。兩棵松樹均繪於畫面前
景的一片坡石地之上。松樹邊的土坡縫隙中還生長出一些不知名的雜木來。
畫面的中間部分繪有清澈開闊的水域，水面上漂著一葉扁舟，舟上載有漁夫。
隔水的遠處岸邊，沙洲重山縹緲於雲間。從趙孟頫所描繪的松樹及石頭的造
型特徵上來分析，這幅作品應該是趙學習了宋代李成、郭熙所繪的松樹加以
改變而成的。《雙松平遠圖》也被認爲是受到李成《讀碑窠石圖》的影響，作
品將近景中描繪的雙松與後部遠景中的遠山之間拉開了一定的距離，從而形
成了典型的橫卷式構圖，再配上圖中趙孟頫特有的以書入畫的線描式筆法，
從而成就了他具有古意的北宋李郭風格，而在此風格之上趙亦有所創新與突
破。在《宣和畫譜》中，對郭熙的繪畫，有著非常詳盡的描述，在卷十一中
這樣寫道：

圖 26：（元）趙孟頫《雙松平遠圖》

〔註9〕　（明）汪珂玉撰，《珊瑚網》，出自《影印文瀾閣四庫全書》，臺北臺灣商務印
　　　　書館，1986 年第一版，第 175 頁。其中有關於趙孟頫《幼輿丘壑圖》收藏的
　　　　記載，此乃宇文公諒爲此圖所作的題畫詩。

> 初以巧贍致工，既久，又益精深，稍稍取李成之法，布置愈造
> 妙處，然後多所自得，至攄發胸臆，則於高堂素壁，放手作長松巨
> 木，回溪斷崖，岩岫巉絕，峰巒秀起，雲煙變沒，煙靄之間，千變
> 萬狀。〔註10〕

郭熙的繪畫往往善於描寫胸中逸氣，喜作高大的樹木和茂盛的森林，對雲煙變換，山峰不同形狀地描繪及變化都頗有心得。再來看趙的《雙松平原圖》，在圖中，趙孟頫將郭熙的畫法加以改變，他不再遵循郭熙特有的對雲煙那種千變萬化地描繪，筆下的山林樹石都只用淡墨渲染，且皆用枯筆寫之，並將書法功力融入到繪畫作品之中。而五代之後最為流行的皴法在此時也已不再出現。趙孟頫完全用筆力的變化來表現樹木雲煙變化的層次感。用墨的技巧也比較自然，濃淡乾濕運用自如，更有許多留白之處給人無限遐想。雖然，我們還能從《雙松平原圖》中看出趙孟頫追隨大師李成、郭熙的痕迹，但是這樣的痕迹已極不明顯，甚至可以說逐漸在消失。作者對整幅作品的構圖和筆墨的關係處理得非常微妙，這也和前代的處理方法截然不同。丘壑之間的關係，山水雲樹之間的關係轉換亦非常自然，這些創新正是趙孟頫之於元代文人繪畫一代宗師的意義所在。

　　在宋代，一代宗師李成、郭熙的作品中，畫家繪畫主要考慮的是用山水樹木等來營造一個具體的情境，這些都需要畫家有較強的繪畫功力。比如在畫面中，山間小路如何穿插安置，河流水源在什麼地方都要描繪清楚，而三遠法和樹石如何搭配顯得畫面錯落有致，如何處理不同景物之間的複雜關係，建築物要如何描繪安置於畫面何處，這些都非常講究，有一定的說法。甚至於一年四季和陰晴朝暮不同時間的景色都有精確的區分和繪製。作者給我們的感覺是不僅僅在畫畫，而更是要將畫面設計成一個可觀、可行、可遊、可居的場面。「可忘筆墨，而有真景」是當時畫家追求的最高境界。在這樣的追求之下，複雜的皴染方法代替了筆墨，感覺畫面非常完整真實，甚至於到了可以忽略筆墨存在的境地。

　　而在趙孟頫的《雙松平遠圖》中，用筆用墨感覺比較隨意，畫面基本是用線條來概括物體的形狀。觀察他所繪的松樹，感覺上只用了一根線條，然後將線條充分的延展開來，用隨意且舒展的方法讓線條遊走於畫面的各

〔註10〕《宣和畫譜》，選自潘運告主編、岳仁譯注，《中國書畫論叢書　宣和畫譜》，湖南美術出版社，1997 年 4 月第一版。第 243 頁。

個部分，組成一幅完整的構圖。無論是繪者還是觀者在欣賞畫面的同時，首先就會注意到畫面上流暢的線條運用，再次會注意到畫面的意境，這幅作品的意境是建立於線條感之上的。李成、郭熙營造的畫面是一個可遊、可居的真實之境，而趙孟頫構想的畫面則是蘊含在線條之中的無限生機，給人留以遐想。兩個時代的繪畫風格可謂是各臻其妙，也預示了兩個不同時代審美趣味和技術的不同，但是不可否認，宋元這兩個時代都成爲了山水畫的巔峰時期。

在《雙松平遠圖》的卷尾題有這麼一段跋文：

> 僕自幼小學書之餘，時時戲弄小筆，然於山水獨不能工。蓋自唐以來，如王右丞、大小李將軍、鄭文廣諸公奇絕之迹，不能一二見，至五代荊、關、董、范輩出，皆與近世筆意遼絕。僕所作者未敢與古人比，然視近世畫手，則自謂少異耳。因野雲求畫，故書其末。孟頫。〔註11〕

趙孟頫特別強調作畫時的古意，這也是影響元代繪畫的重要理論基礎。從此圖中松樹的繪製方法上就不難看出趙孟頫追求摹古的思想。圖中的松樹多學宋代畫家的用筆方法。松樹樹杆多作瘦硬如曲鐵狀，用焦渴的墨點加之於松樹樹杆之上，使得樹杆給人感覺布滿龍鱗，如端人正士，浩氣凌然。針葉多用細筆淡墨點染。以半圓形松針爲基礎，在此之上加以變化，用了直向參差排點的畫法，更加表現出松樹古老蒼鬱的風貌。這樣的松針畫法對筆力的要求非常高，「須以亂非亂，以筆力爽朗微妙」。整幅作品除了表現山水畫的意境之外，近景松樹的畫龍點睛更是暗喻了趙孟頫身在元朝，心向故宋的氣節所在。可謂是用心良苦之作。

3.5 商琦《春山圖》及其他

元初畫家商琦（？～1324），主攻山水畫，也爲皇家做大型的壁畫創作，是當時比較著名的一位畫家。商琦師承宋代李成、郭熙一派，畫技在當時也是極負盛名。曾經與高克恭、趙孟頫齊名，此三位畫家被並稱爲「元初三傑」，其繪畫風格對後來的元代畫家及作品均有一定的影響。

〔註11〕（清）安歧著《墨緣彙觀》，天津市古籍書店出版，1993 年 7 月第一版，第209 頁。在此書中有關於趙孟頫《雙松平遠圖》藏及提題跋畫詩的一個完整記錄，此段話爲該作品上的一段跋文。

　　商琦，字德符，號壽岩，山東菏澤人。本姓殷，宋代爲避宋太祖名之嫌而改姓商。其祖父在宋代時官至監察御史，爲人不畏權貴，盡忠值守，因此在元滅金的戰爭中被捕，但其寧死不屈，因此被害。其父爲元初名臣，善書法。出身於官宦世家的商琦，受家庭的影響，亦善於書畫。

　　商琦的主要生活地基本集中於元大都附近，大都是元代的政治中心，也是文化藝術薈萃的重要場所。當時許多重要的元代文人墨客及著名書畫家都聚集於此，而商琦與他們中的大部分都有較爲密切的交往。這些人中也包括文人畫家趙孟頫、高克恭、柯九思、虞集等人。他們在一起或吟詩作畫、或談論人生，以詩文美酒繪畫相和，生活愜意自如。然而有一點值得注意的是，儘管這些文人墨客也身兼朝中官員職務，但在蒙古貴族的統治下，他們仍屬異類，而非本族。因此，雖然這些文人個個才華橫溢，但卻不能得到元政府的重用，只能擔任一些閒職。趙孟頫、商琦等人，在當時只不過是政府的御用畫家，因此經常奉政府的旨意進行一系列創作。而商琦之所以能步入仕途，一是因爲他父親的關係，其二則是因爲自身高超的畫藝被皇帝所看重。因此歷任學士、秘書卿等官職，但無論身處何職，商琦始終沒有脫離過繪畫創作。在皇宮中，隨處可見由商琦執筆所繪的壁畫作品。由於身份的特殊性，因此商琦的繪畫創作似乎也與別的畫家有一些區別，他以壁畫創作爲繪畫活動的主要部分。元朝，壁畫繪製活動興盛，題材寬泛，除了常見的宗教人物之外，壁畫作品中還出現了山水景物等題材入畫的作品。而繪製壁畫的場所也有所突破，不在局限於廟宇、道觀等宗教場所，一些文人士大夫以及達官貴人家中也喜愛用壁畫來點綴裝飾牆面。當時的統治者對繪製壁畫有比較嚴格的要求，如商琦爲元仁宗宮邸作壁畫，就有如下的規矩：

　　　　素壁不得畫鬼神，亦不得用金朱塗；但令水墨寫河嶽，蒼松赤
　　檜盤根株。〔註12〕

這段文字說明兩個問題，第一：商琦當時繪製的壁畫作品比較簡樸，沒有太多色彩。第二：當時對松樹柏樹的描繪已經在壁畫創作中非常流行。其原因應該與松樹本身吉祥長壽的寓意有一定的關係。然而商琦繪製的這些和壁畫有關係的作品只見於記載而並無留存。據文獻記載，商琦的山水畫當是洋溢著濃鬱的道家仙境趣味，如楊維楨題商琦《瀛洲學士圖》，就有「自有仙人居」

〔註12〕（元）丁復撰《檜亭集》，《文淵閣四庫全書補遺集部　宋元卷　第四冊》，北京
　　　　圖書館出版社，2006 年 6 月，第 243 頁。

的評論。〔註13〕又如柯九思題商琦《山水圖》，有「老子胸吞幾雲夢」、「小橋流水隔江塵」之句。〔註14〕再如童冀題商琦山水畫，稱「松根茯苓如斗大，便欲歸去求神仙」。〔註15〕正因爲有如此的意境，所以他在山水畫中自然要把道家視爲吉祥長壽之物的喬松繪入圖中。

如商琦爲嘉禧殿繪壁畫，張雨爲之作《嘉禧山水圖歌》，其中就有「長松夭矯倒絕壁，石泉落澗聲潺湲」句。〔註16〕又如劉敏中題商琦《雪山圖》，有「半岩松竹極深幽」之句。〔註17〕還有趙孟頫題商琦《桃源春曉圖》有「瑤草離離滿澗阿，長松落落凌碧空」之句。〔註18〕

不過商琦除在山水畫中畫松樹之外，也畫有單獨的松樹圖，虞集《道園學古錄》卷三《商德符畫松》詩就寫道：「松根生茯苓，松葉纏兔絲。服之可長生，歸哉南山陲。」〔註19〕這清楚的表明商琦畫松是取「壽比南山」的長生吉祥之意，商琦也愛將中醫認爲利於生長之藥茯苓、兔絲畫於松根、松葉上，以加強畫面的長壽氣氛。

此外，商琦的傳世作品《春山圖》（見圖 27），也是繪有松樹題材的山水人物畫作品。此《春山圖》，爲長卷式構圖，絹本青綠設色。縱 39.6 釐米、橫214.5 釐米。現藏於北京故宮博物院。圖中描繪的山水清秀，屬於春天風光。在近處山坡上，繪有一字排開的松林，松樹之下繪有五位高士，互相攀談並觀賞山川美景。山中若隱若現之房屋樓臺，掩映於青山秀水樹木之中，而山上松樹則豐茂挺拔，伴有泉水淙淙，水流湍急。再看遠處的高山，氣勢宏大，秀出於飄渺的霧靄之中。畫面用筆精麗穩重，工寫有度又不呆板。作者用細膩的筆法表現出春天山水特有的溫潤秀麗之特性。山石和樹木的描畫用了不

〔註13〕（明）顧瑛編《草堂雅集》卷二，楊維楨《瀛洲學士圖，揭學士命題商學士畫卷》，見陳高華編著《元代畫家史料 增補本》上，中國書店，2015 年 6 月出版，第 207 頁。

〔註14〕（元）柯九思《商壽岩〈山水圖〉》，載《草堂雅集》卷一，見陳高華編《元代畫家史料 增補本》上，中國書店，2015 年 6 月出版，第 206 頁。

〔註15〕（元）童冀《尚絅齋集》卷五《題商集賢畫》，同上書，第 205 頁。

〔註16〕（元）張雨《嘉禧殿山水歌》，載《貞居先生詩集補遺》卷上，同上書，第 201頁。

〔註17〕（元）劉敏中《中庵集》卷二十三《雪山圖》，集賢商德符爲程雪樓承旨作此圖寫承旨曳杖從小立梅花樹下》，同上書，第 197 頁。

〔註18〕（元）趙孟頫《題商德符學士桃源春曉圖》，載《松雪齋文集》卷三，同上書，第 193 頁。

〔註19〕（元）虞集《商德符畫松》，載《道園學古集》卷三，同上書，第 194 頁。

同種的皴法交替進行，構圖豐富，虛實互見。傳達了春天山水景色雲煙流佈，
朦朧綽約的特點，富有鬱勃的生機。商琦的用筆比較簡樸，不似唐宋青綠山
水那種濃重的金碧描繪，筆觸較唐代青綠更為空靈簡約，和傳統山水畫細膩
的風格不盡相同。圖中近景之處松樹的描繪，活潑生動，或挺拔，或欹斜，
造型與南宋院體繪畫風格有幾分相似，而遠處的松林樹木卻又與北宋郭熙筆
下的風格比較相近。松林之下的幾位高士，雖然所佔比例極小，但細看之卻
都造型生動，寥寥幾筆便刻畫出這些人的瀟灑神情。他們或互相低聲細語，
或結伴而行，和身後的松樹互相映襯，表現出畫家寄情於山水，渴望過上遠
離紛擾、悠閒自得的仙境生活。

圖 27：（元）商琦《春山圖》局部

3.6 黃公望《富春山居圖》及其他

《富春山居圖》（見圖 28）既是最能代表黃公望（1269～1354）風格的山
水畫作品，又是中國元代山水畫的經典之作。作品中蘊含著黃公望那個時代
的藝術風格和個性特徵。元代是中國文人畫發展相當成熟的時期，黃公望作
為最有代表性的文人畫大師之一，其在《富春山居圖》中的苦心造詣，既有
繪畫藝術特色上的，也有對其心裏感情抒發的寄託。這幅作品可謂是「畫為

心印」的經典之作。《富春山居圖》，紙本水墨，長卷式構圖。作於元至正七
年（公元 1347 年）縱 33 釐米，橫 636.9 釐米，是黃公望晚年爲無用禪師所作。
畫中描寫富春江一帶初秋景色，峰巒坡石，起伏競秀，雲樹蒼茫疏密有致。
其間有村落、有平坡、有亭臺、有漁舟、有小橋，並寫出平沙及溪山深遠的
流泉。讓人領略到江南山水「山川渾厚草木華滋」的藝術風貌。據題畫中說，
作者爲了更好地描繪此圖，常常「雲遊在外」進行實地寫生和考察，對當地
山川作了細緻的觀察和揣摩。王原祁在《麓臺題畫稿》中提到此畫時說黃公
望是「經營七年而成」，可見其創作中巧妙構思之精心。綜觀《富春山居圖》，
可以看出該圖極具鮮明的藝術特色。畫中，除了山水的描繪，餘下的大多筆
墨自然放在樹木的描摹之上，各種樹木鱗次櫛比，變化多端，自然也少不了
松樹的身影。在畫法上，黃公望有自己的獨到之處，遠山高峰遠樹穿插淡墨
小豎點，上細下粗.似點非點，似樹非樹。近峰小樹，完全用濃墨隨意點畫，
表現出用筆的變化。近處坡腳的松樹稀疏幾枝，筆力清勁，小松針用筆濃淡、
疏密、長短變化有序，筆迹可見。點苔、勾屋用筆精練，特別是碎石和礬頭，
土石相間，平坡間夾，礬頭累累，很見骨法用筆。整幅畫卷，體現了黃公望
接受趙孟頫「須知書畫本來同」的藝術思想，講究以書入畫，著重書法用筆，
線迹變化多端。整幅作品神清骨健，全入畫境。

圖 28：（元）黃公望《富春山居圖》局部

仔細研究黃公望的《富春山居圖》，可以發現，此圖的創作並非對景寫實，而是別有一種靈寄。作者把富春江的靈性、氣度、神韻全呈現於筆下，是抒寫物我兩忘俱與之化後的印象。「山川使予代山川而言也，山川脫胎於予也，予脫胎於山川也。」〔註20〕其作畫的目的只是在於攫取神韻，在形質氣度上求神合之處，並非刻舟求劍處處求證。此圖的獨特意義，在於它不再或不完全是把作者主觀精神滲透到客觀對象上去，而是力圖從自然中概括和提煉出形象來，達到心源與造化的融會。在此圖中，像不像已不是最重要的方面，這種繪畫方法表明畫家對自然有意識的能動轉化。畫為心印，是畫家最想通過作品表達的情感。而在黃公望看來，所繪松樹不露根，表示著君子在野之意。〔註21〕以松比志，以畫寄情，黃公望可謂是開拓了元代山水畫脫化渾融、神明變化、因心造境、抒情寫意的新天地，開創了元代文人山水畫變法創新的新風尚，標誌著元代山水畫脫胎換骨的成熟，並對當時文人山水畫家的創作產生了重大的影響。

細觀《富春山居圖》，作品中除了勾畫出富春江畔秀美山水的意境之外，還隱約給人一種荒寒蕭瑟之感。這種感覺在表達出作者審美心態的外化同時也代表著元代畫家的一種生存態度。由於統治者採取民族歧視和分化政策，曾經「萬般皆下品惟有讀書高」的文人士大夫如今淪為與娼妓、乞丐一樣地位卑賤之人。大批漢族文人難於入仕或無意仕途，如此失落的心態使他們往往借書畫以示清高。少數漢族士大夫雖委身朝廷做官，但是在政治上也難於施展抱負，故亦多寄情詩文書畫。因此大批文人士大夫有的散淡人生、優游於世；有的通迹山林，寂賓守志。在營造個人精神上的「世外桃源」的過程中，繪畫作為抒情明志的手段成為文人的選擇。一批文人和文人畫家在特定的社會現實環境中通過詩詞題跋或書畫等形式抒發和表達了特定時代的社會現實所決定的時代情緒、人生感歎、文化心態和精神歸向。而松樹等具有象徵意義的植物在此時自然成為了畫家願意描繪，藉此抒發心聲的重要對象。

除了著名的《富春山居圖》之外，黃公望在《天池石壁圖》（見圖29）及

〔註20〕（清）石濤《苦瓜和尚話語錄》，出自俞劍華編著《中國畫論類編‧上》中第一編《泛論‧上》，人民美術出版社，1957年12月，第152頁。

〔註21〕（元）陶宗儀撰《四部叢刊三編‧子部‧南村輟耕錄》中黃公望《寫山水訣》一文中：「松樹不見根，喻君子在野；雜樹，喻小人崢嶸之意。」上海書店，1936年1月，第24頁。

《水閣清幽圖》（見圖 30）中，的顯眼位置也描畫了松樹的身影。《天池石壁圖》是黃公望淺絳山水畫的代表作。絹本，縱 139.5 釐米，橫 57.2 釐米，乃其 73 歲時的精心之作。圖繪蘇州以西 30 里的天池山勝景。左下三株巨松高聳，雜樹林立，茅屋隱約其間。隔溪一大山拔地而起，層層盤桓而上。至右中，一池四邊石壁陡立，橋閣築於池中，飛瀑瀉水，此點題之筆也。該圖構圖繁複，但用以勾畫的線條和皴筆則十分簡略。大山通體以褚石鋪底，以墨青、墨綠層層烘染出高低、遠近之層次。圖中松樹的枝幹呈高聳挺拔之態，給人直撼雲霄之勢，有騰龍凌空之致。因此黃公望在畫松樹枝干時，不刻板以爲之，分別從四面來描畫枝幹，用筆時有轉折之感，筆到意到，使得松樹枝幹圓潤生動，方顯靈活。而圖中松葉的描繪，使用的是葉葉相疊加的畫法，有疏有密，亦遠亦近，讓人有似亂非亂之感，這樣才能始顯樹之渾厚敦實之狀。縱觀整幅作品，圖中松樹葉片也並非完全用一種畫法構成，有的葉片畫作均勻整齊，有的則呈灑落之態，可見黃公望用筆時收時放，墨色隨濃隨淡，自然使得畫面神妙生動。而其筆下的《水閣清幽圖》更是難得之佳作。此圖作於黃公望 81 歲高齡之時，距離他謝世只有四五年的時間，是其畫風完全成熟之後的作品。此畫分上下兩部分。下部偏左，畫樓閣臨水，兩旁山坡環抱，中間水流曲折，近處雜木歷落，遠處叢林密集。遠樹用小米點濕筆寫成，朦朧縹緲，類似西畫所追求的空氣感和中國畫所追求山嵐煙靄躍然狀，大有如臨其境、可居可遊之感。畫面上半部是遠景，山巒起伏，其上的樹木青翠欲滴。在用筆上，近樹點苔勾勒，遠樹輕淡滲化。左下以長松巨木冷然而上，異常醒目，松樹與右峰相平衡；上半部遠山重心亦偏左，然後向右上方延展。松樹及其他樹木與山坡峰巒的左右、輕重、曲折，與水流的迴環之勢渾如一氣，富於律動，精到無比。

筆者認爲，無論松樹在黃公望的作品中處於何位置，代表何種心境，他的作品最爲難得之處便在於自然。山水的自然，樹木的自然，心態的自然平和。倪雲林的畫有寒荒蕭疏之氣，重在表現其心境。後世董其昌和四王學黃公望，都增強了廟堂氣，更重筆墨程式。黃公望的畫與他們相比，顯著的特點是融化於自然。這種自然，一方面是造化的精神本質性再現，使畫面充溢著宇宙山林之氣，或幽深、或清遠、或爛漫，皆生機靈動。另一方面是體現了他身處逆境，心態的輕鬆自然。松樹出現在圖中，既是點景的需要，其代表的那種凌然處世，逆境中頑強生長的風格也正是黃公望所需要及追求的。

圖 29：（元）黃公望《天池石壁圖》

圖 30：（元）黃公望《水閣清幽圖》

3.7 曹知白《松亭圖》及其他

曹知白（1272～1355 年），字又玄，別字貞素，號雲西，人又稱其貞素先生，浙西華亭人。他既是畫家，又是藏書家。與倪瓚、黃公望等人交往甚密，經常相互以書畫唱和。雲西先生善畫山水，早年筆墨較秀潤，而晚年則以蒼勁秀麗見長。和朱德潤一樣，曹知白早年受趙孟頫的影響，起手學畫時也學習的是李成、郭熙一派的畫法。

騰固先生曾在《關於院體畫和文人畫之史的考察》一文中將元代的文人畫家歸屬為一種不甘囿於法度，傾向於玩世高蹈的「高蹈型式」，而綜合元代歷史背景、文人個體的特殊性以及時代的階段性，曹知白屬於「野飯魚羹何

處無，不將身繫做官奴」的開放文人畫家。他擁有雄厚的資產，尊榮的紳士地位，這些優越的先決條件對於曹雲西這類開放文人來說，沒有比安於現狀更好的選擇。風雅集會、文學圖事是他嚮往的生活方式，「聊以自娛」這種自我滿足的思想在曹知白、倪瓚等這一類文人畫家身上得到了很好的體現。細分而言，曹知白又與倪瓚不同，兼好北宗李成、郭熙的畫風，因此書寫著別具一格的藝術特色。黃公望在《寫山水訣》中說：

近代作畫，多宗董源、李成。兩家筆法，樹石各不相似，學者
當盡心焉。〔註22〕

而在曹知白的作品中，既有北方山水的雄渾厚重，又有南方山水的典雅清麗，創作理念可謂南北兼容。

　　曹知白筆下盛產松樹題材的山水畫作品。例如知名的《松亭圖》（見圖 31））、《雙松圖》（見圖 32）《仿倪瓚松亭秋色圖》（見圖 33））、《疏松幽岫圖》（見圖 34））等，都是他的經典代表名作。在元代的文人繪畫創作中，隨著文人隱逸風尚的盛行，對現實淡漠、無為的情感逐漸被渲染。但在曹知白的繪畫作品中，人文精神和個人情懷始終是他繪畫創作的觀照起點和終點，並且此種精神已經完全融入於他的山水畫作品之中，成為其作品的內在核心部分。無論其所處時代有多複雜，或者如何虛無，在這種審美活動中都會洋溢著人性的美

圖 31 （元）曹知白《松亭圖》

好，曹知白的作品始終投射著對自然生命的平等觀照和對人性平等的探尋。

〔註22〕（元）黃公望《寫山水訣》，出自俞劍華編著，《中國畫論類編‧下》中第六編《山水‧下》，人民美術出版社，1957 年 12 月，第 696 頁。

這不能不說是畫家對天地萬物情感深邃之美的體驗，是有著傳統文人情懷的曹知白對於人文傳統的文脈繼承。從他眾多的松樹題材作品中就不難看出這一點。

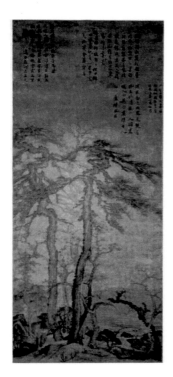

圖 32：（元）曹知白　　　圖 33：（明）董其昌《仿　　　圖 34：（元）曹知白
　　《雙松圖》　　　　　　　倪瓚松亭秋色圖》　　　　　《疏松幽岫圖》

《松亭圖》是師學李、郭一路風格之作。圖中寫長松數株，高大偉岸，虯曲多姿，用筆沉著老練，極具筆力。尤其是松針畫法，用線細而剛勁有力，頂虯曲如龍，與郭熙法一脈相承。樹木畫法類李、郭，用筆挺健。枯木寒林，亦出於李、郭之間，枯枝槎柯，疏密有致，穿插自然，蟹爪法用得精到得體。寒林平原構圖脫胎於李成，故明代何良俊在談到曹雲西時說：

　　　　其平遠法李成，山水師郭熙〔註23〕

圖中除松樹之外，在一片空曠的平地上，遠處有低矮草亭，空無一人，蕭疏

〔註23〕（明）何良俊《四友齋畫論》，出自《文淵閣四庫全書本》，又見俞劍華編著
　　　　《中國畫論類編 上》中第一編《泛論·上》，人民美術出版社，1957 年 12
　　　　月，第 110 頁。

而外兼有簡遠之趣，平遠幽深，時人評其「風流文采，不減古人」，可見他是個生活閒適、才情橫溢的文人士大夫。黃公望年 81 歲時也曾為曹知白《山水》軸題跋云：

> 雲老與僕年相若，執筆濡墨，既有年餘，老而益進，於今諸名勝善，畫家求之，乃畫者甚多，至於韻度清越，則此翁當獨步也。〔註24〕

可見其畫「韻度清越」一言以蔽之。

　　無獨有偶，曹知白筆下所繪《雙松圖》（見圖 32）作品中也明顯受到李成畫派的影響。《雙松圖》，卷本設色，縱 132.1 釐米，橫 57.4 釐米，現藏於臺北故宮博物院。該圖以雙松為主要描繪對象。虬松拔地而起，勢如參天，松之堅拔。無論松樹身處高山危岩之中，亦或是舒緩平坡之上，都頂天立地，達到了一種精神高度。與同時期畫家筆下略帶書法性誇張的松樹相較，曹雲西在樹形及用筆上，展現了平實的個人風貌。他筆下描繪的兩株矗立於前景土坡之上的參天松樹，松不露根，而枝葉的描繪則單純使用李郭畫派出名的蟹爪皴來完成，縱觀整株松樹，其枝葉整體向外張揚，旁逸斜出，這樣來描繪雙松一定使得松樹蒼老遒勁之感更加突出於畫面。松樹周圍亦有若隱若現作為陪襯的雜樹若干，下有叢生稀疏之雜草。而縱深感極強的小溪，林中小徑及遠山的描繪亦一併出現在畫面中，且這些景物均延伸至遠方，這使得畫面有空曠、幽深之境，這種意境與北宋大家的風格非常相似。明代何良俊就曾說：「吾松善畫者在勝國時，莫過曹雲西。」〔註25〕他的畫松風格對同時期以及後來的畫家有一定的影響，明代董其昌的山水畫，如《己亥一月山水圖》、《仿倪瓚松亭秋色圖》等圖的畫松之法，就有曹知白的風範。

　　而到了曹知白晚期的繪畫作品，如《疏松幽岫圖》，整幅作品無論是構圖還是用筆都發生了變化。作於 1350 年的《疏松幽岫圖》是曹知白山水畫成熟期最具代表性的作品之一。此圖為紙本、水墨。整幅作品使用山水畫中的三段式畫法。用筆蒼勁秀美，遠處的山巒使用淡墨渲染，細筆以寫之，筆墨取法董源，皴法以牛毛皴為主，在「披麻皴」基礎上更加減化，用筆短促，線條略微交錯，

〔註24〕《中國美術分類全集·中國繪畫全集 元代繪畫卷》，文物出版社、浙江人民美術出版社，1997 年 11 月，第 324 頁。

〔註25〕（明）何良俊《四友齋畫論》，出自《文淵閣四庫全書本》，又見俞劍華編著《中國畫論類編下》中第一編《泛論·上》，人民美術出版社，1957 年 12 月，112 頁。

近處描寫用筆平和秀逸，減淡空疏、不急不躁、毫無雕鑿刻鏤之感。這種筆墨無論在表現自然萬物上，還是在發揮筆墨意趣上都有更大的優勢，以達到細密的效果。松樹用色淡雅，風格婉約，從中可以看出取法自董源巨然之派。劉熙載云：筆性墨情，皆以人之性情爲本。外在形式與內在心境的統一決定了曹知白平心靜氣、愈加減淡的筆墨語言的形成。這必然與其審美理想、人生意趣相一致。曹知白個性「外和內剛、寡嗜欲」，有著「高山流水，光風霽月」，的高尚風度可以遠追晉人清雅之韻;對清靜的生活和性情極大地嚮往。古人有云：「心不清靜，則思慮妄生。」〔註26〕他在園林中築有「長清靜」齋，於齋中放筆書畫。黃公望認爲其人其均韻度清越，邵亨貞云其「乾坤之清氣，散在萬物，公獨得其賦界之全」。對「清靜」的追求使得代表曹氏畫作特色的減淡空疏筆墨格外醒目，畫面簡單平靜，空靈疏秀的用筆用墨不僅沒有讓筆墨虛弱無力，相反，筆墨表現卻因爲有書寫性而極爲豐富且清雅明靜。使得曹知白筆下的作品一如其爲人，沉靜肅穆的氣息撲面而來，畫面形態風骨見李郭遺韻，但化繁爲簡，意到輒止，皴擦微淡，輕拂漫掃，似乎令觀者看見了他靜觀悲憫的視角下的創作過程。其渴筆皴染、淺墨清淡之氣韻出於元人之風尚，但又有著李郭氣勢肅穆的北宋遺風，使其在當時一派董巨的時尚中保持了鮮明的個性。畫中扣人心弦的不是畫家精彩的構圖和筆墨呈現，而是這些以松樹爲代表的樹木苔痕點點，樸實無華的丰姿和畫家筆勢的和緩收斂及心境的安詳平和。如同惲格所讚揚：「雲西筆意靜淨，眞逸品也。」

3.8 吳鎭《洞庭漁隱圖》及其他

吳鎭（1280～1354），字仲圭，號梅花道人。元代末期，出現了一些比較有名的畫家，他們或身爲官吏，或是比較有錢的豪門地主，有些畫家雖本身並不屬於這兩類人，但卻有意設法與當地官僚豪紳交友，借他們的力量和人脈來舉薦自己，獲得聲譽。而在當時，吳鎭可以說是極少數例外的畫家之一。他常年隱居鄉下，和當地豪紳地主都極少來往，因此，當時知道他的人也並不多。他的一生窮困潦倒，一直到明代被認定爲「元四家」之後才開始出名。對他的繪畫在記載中曾有這樣評價：

> 畫山水師巨然。其臨模與合作者絕佳；而往往傳於世者，皆不

〔註26〕此段話出自（唐）李延壽《北史‧蘇綽傳》，中華書局，1974 年 10 月，第 281頁。

專志，故極率略。亦能墨竹墨梅。〔註27〕

　　吳仲圭所繪松樹「以爾爲楹」，往往樹幹筆直，「其直不可以中繩」，他筆下的松樹一身正氣，和其著名的《漁夫圖》以及「只釣鱸魚不釣名」的思想相吻合，畫史對他筆下的松樹有著這樣的評價：

　　　　星霜鬢眉遽如許，鐵石肝膽將誰同；丈夫受命當傴僂，天子法駕行東封。〔註28〕

松樹在這裡成爲了正義的化身，那種堅貞不渝的品質代表了作者的思想情操。而在中國繪畫史上，吳鎮以終生隱居，擅畫隱逸題材而著稱。在文人畫鼎盛的元代，吳鎮的作品獨具風貌，典型地體現了中國古代文人畫所特有的文化品質。吳鎮筆下與松柏有關的作品較多，如《洞庭漁隱圖》（見圖 35）、《雙松圖》（見圖 36）、《松泉圖》（見圖 37）、《松石圖》（見圖 38）等。

圖 35：（元）吳鎮《洞庭漁隱圖》　　圖 36：（元）吳鎮《雙松圖》

〔註27〕夏文彥著《圖繪寶鑒》卷五，商務印書館，1934 年 8 月，第 356 頁。

〔註28〕（清）顧嗣立編選《元詩選》，上海古籍出版社，1993 年 11 月，第 105 頁。

圖37：（元）吳鎮《松泉圖》　　　　圖38：（元）吳鎮《松石圖》

　　至正元年（公元 1341），吳鎮創作了其紙本山水代表作品《洞庭漁隱圖》（臺北故宮博物館藏），這幅作品貌似平淡自然的畫面當中隱藏著畫家對真誠、美好的渴望和熱愛，隱藏著他不屈於世俗的倔強性格，讓人不得不為之矚目，為之陶醉。仔細觀賞《洞庭漁隱圖》，可以見到，畫面下部坡岸以乾筆畫三株樹，前景為兩株松樹，後方則是一株老樹，老樹之上藤蔓纏身；畫面中間部分是關於湖水的描繪，上有小舟載漁夫蕩漾其中；而圖上部則描繪有遠山的坡岸、汀渚。可見山上木葉茂盛，水邊水草葦葉叢生，向兩邊披拂，濃墨濕筆點葉、點苔，彰顯草木的旺盛，流露出生機勃勃之意。坡上的礬頭及坡石以濕筆長披麻皴的畫法完成。湖面水草的弧曲，與樹幹的挺直剛柔相

濟，乾濕對應，顯示出吳鎮師法自然的淵源。小舟置於畫面的右邊，略側於水岸的橫坪，形成小側角，而這樣的構圖對於破除水線及樹幹造成的橫平豎直的視覺極為有益。

　　畫面中的松樹應該為赤松。樹幹用赭石色點染，分陰陽兩面，即背光處色濃，用赭墨色渲染；而向光處墨淡，則在畫面上略施以淡赭色。松樹的枝幹部分也用赭石加水調淡之後，略施一層。幹上的松鱗部分則用濃赭色略勾，別有丰采。此二松的松葉用墨色進行渲染。先用大筆蘸墨汁，分出遠近濃淡，繪於松樹枝頭；再用畫針葉之細筆法，按照針葉的疏密濃淡，一筆一筆描繪松葉；最後按照原來的針葉形狀，一一勾勒。而此畫之中，松樹枝幹的點苔法應為畫面中松樹最難描繪的部分，一點不合，遠望松幹就會顯得非常突兀，因此會殃及整幅作品。吳鎮凌空運筆，筆從空中下墜點苔，點時，時輕時重，時濃時淡，與枝幹融為一體，方顯松樹蒼茫渾厚而增其氣勢。圖中松樹如高人隱士一般，矗立於畫面的前景顯要位置，必有其一定的深層次含義。

　　因此，要瞭解一件藝術品，一個藝術家，一群藝術家，必須先正確地瞭解他們所屬的時代精神和風俗概況。這是對藝術品最好的解釋，也是決定一切的基本原因。元代蒙古族進據中原和江南，嚴重破壞了生產力，大量漢族地主知識分子（特別是江南人）也蒙受極大的屈辱和壓迫，其中一部分人或被迫或自願放棄「學而優則仕」的傳統道路，把時間精力和情感思想寄託在文學藝術上，山水畫也成為這種寄託的領域之一。院體畫伴隨著趙宋王朝的覆滅而衰落消失，山水畫的領導權和審美趣味從宋代宮廷畫院終於落到了元代在野士大夫知識分子手中。

　　而畫家吳鎮的人生與元王朝的興衰並行著。他生於元朝剛剛統一中原之時，去世的時候元末戰亂才剛烽煙燃起。應該說吳鎮幾乎沒有遭受元末的戰亂之苦，他所經歷的主要是異族戰亂造成的民族傾軋之苦。元初，蒙古政權立足未穩，自然採取一系列高壓政策：推行民族等級制度，取消了科舉制度，使得廣大「南人」儒生出仕無路。在這樣的背景之下，漢族文人要想做官就只有舉薦入仕這一條道路。即使入仕也並非坦途，除了對異族官僚的歧視與排擠之外，還要在忠誠與叛逆的內心矛盾中掙扎。那些忠於前朝的、或潔身自好的、或出仕無門而不得已歸隱的人便組成了元代的隱士人群。吳鎮當屬後一種，到元中期，士人隱逸已經成為一個時代性的潮流，成為中國封建社會當中具有時代性的事件。可見，影響吳鎮畫風形成最重要的原因是由於社

會急劇變化帶來的審美趣味的變異。

　　馬背上征服天下的蒙古貴族給漢族的文人製造了許多痛苦，但他們對人們思想的禁錮卻是相對寬鬆的，元代文人既沒有宋代「朋黨之爭」，亦沒有明清的文字獄。他們是清閒的，其精神狀態是極度自由的。他們既不要安邦定國，又無力顛覆政權，於是只有整天混迹於瓦肆勾欄，從事雜劇創作；或優游於山林水村之間，以筆墨寫山林之精神。換句話說，至少元代文人還可爲精神的苦悶找到發泄的途徑——傾訴到藝術中去。元代藝術的興盛與這樣的歷史背景有著極大的關係。繪畫則作爲特定歷史情境中的精神映雜而被寫進民族文明史冊，帶來了中國山水畫史上的第二個發展高峰，並且由於文人的參與、繪畫美學精神的擅變，士人的林泉高致在山水中體現得最爲純粹，使中國山水畫抒情寫意性達到極致，成爲有元一代山水畫的總體精神，並下及明清。高居翰認爲元末的這種亂世以及畫家因此所處的困窘處境，反而「爲個人主義提供了前所未有的發展空間——疏離也是一種自由」。〔註29〕

　　吳鎮山水畫中對隱士心態的描寫與他的信仰也有關係。實際上，吳鎮對家鄉山水的描述，正是他隱士心態的極佳寫照。元朝蒙古統治者對宗教採取兼容的態度，雖然在不同時期對不同宗教的政策有所變化，但道教和掌教人一直享有較高的待遇，元代道教中全眞教主張「除情去欲，忍辱含垢，苦以利人爲家」，正是恪守這樣的教規，才使得吳鎮的生活格外樸素淡然。他一生安貧樂道，筆下的漁夫獨隱中帶著一份灑脫，這也正如其在作品《洞庭漁隱圖》中所題寫：

　　　　洞庭湖上晚風生，風攪湖心一葉黃。蘭棹穩，草花新，只釣鱸

　　魚不釣名。〔註30〕

不求聞達，只要一種簡單自然的快樂，正是隱士心態的最佳寫照。

　　《洞庭漁隱圖》是在紙上完成的一幅作品。正是紙這一繪畫材質的運用，也使得吳鎮的作品充分發揮了水墨的特徵，從而使筆墨有力地表現出「石散人空煙水闊」的境界。山水煙江成爲心向江湖的高人隱士遁世避世，人格高蹈、逍遙自在、玩世不恭的精神家園。而松樹也自然成爲了這種精神的暗喻

〔註29〕　（美）高居翰著《隔江山色》，生活‧讀書‧新知三聯書店，2009 年 8 月，第　　　　　87 頁。

〔註30〕　《中國美術分類全集‧中國繪畫全集‧元代繪畫卷》，文物出版社、浙江人民　　　　　美術出版社，1997 年 11 月。此書中對《洞庭漁隱圖》有收錄，在圖上可見作　　　　　者此首詩作，是其內心世界的獨白，也是對自由生活的嚮往。

象徵，以松樹自喻，代表著吳鎮自命清高，自勵堅貞的內心獨白。

吳鎮以松喻人的作品除了《洞庭漁隱圖》之外，還有著名的《雙松圖》。此圖作於 1328 年，爲吳鎮四十九歲時所作。作品爲絹本水墨，縱 180.1 公分，橫 111.4 公分。上有題款：「泰定五年春二月清明節，爲雷所尊師作，吳鎮。」該圖中，除了近處的兩株松樹之外，在畫面上，還可以看到江南特有的平遠風格，遠處一道溪流蜿蜒曲折，最終匯聚於樹旁。我們能不能這樣認爲，吳鎮借畫喻人，起伏的山巒之中的道道澗水匯聚成了溪流，而溪流又流向松樹，滋養了松樹，使之不斷凌空向上茁壯生長，這是不是代表了老師雷思齊的思想並沒有因爲他的逝去而失去，而是常駐人間。若將此圖與吳鎮其他以松樹、柏樹爲主題的山水作品相比較，不難發現，吳鎮不太繪製構圖如此平遠的作品，《雙松圖》這樣兼具深遠、平遠與一體的作品，並不多見。明爲寫樹，暗爲喻人。吳鎮將這樣的方法再一次運用在了他的繪畫作品中。這幅《雙松圖》分明是一幅在清明節，紀念雷思齊的作品。在作畫當年，雷思齊已經過世二十又七年，因此此圖明顯也含有對故人的追思之情。

而在當時，不乏與吳鎮《雙松圖》同名或同題材的作品。我將羅列這些作品，並一一與吳鎮的《雙松圖》相比較，從各方面來對比作家在創作這些作品時的異同。首先，我們將吳鎮的《雙松圖》與前輩趙孟頫的類似作品《雙松平遠圖》相比較，兩幅作品都以廣闊而平遠的山水作爲畫面的背景來繪製，主題部分都落於松樹之上。但趙孟頫的作品，描繪的背景是廣闊無際的江岸，兩株松樹繪於畫面的右下角，這和吳鎮縱軸構圖的《雙松圖》又不屬於一類。若將《雙松圖》與傳爲宋代李成的名作《寒林圖》（見圖 39）相比較，從圖面中，我們不難發現，《寒林圖》中對泉水的描繪是噴湧而出的，而非《雙松圖》細水長流的感覺。圖中也並無《雙松圖》中遠處的平遠山水作爲畫面背景。而在《寒林圖》中我們可見寒林叢生、煙霞霧靄，都更加接近繪畫理論中的「松石格」之說：

> 巨松沁水，噴之蔚同。褒茂林之幽趣，割雜草之芳情。泉源至曲，霧破山明。精藍觀宇，橋約關城。行人犬吠，獸走禽驚。高墨猶綠，下墨猶頹。水因斷而流遠，雲欲墜而霞輕。桂不疏於胡越，松不難於弟兄。〔註31〕

〔註31〕（南北朝・梁）蕭繹《山水松石格》，出自何志明、潘運告編《漢魏六朝書畫論》，湖南美術出版社，1997 年 4 月，第 316 頁。

圖 39：（宋）李成《寒林圖》

除此幅圖之外，創作年代比吳鎮晚一
年，同爲元代畫家的曹知白，也有一幅
同名作品《雙松圖》圖中也是有泉亦有
松。曹知白筆下《雙松圖》（見圖 32）中
的泉水，雖然也給人短而急促的感覺，
但較之李成的《寒林圖》而言，水流明
顯平和了很多。元代後期的畫梅名家王
淵，他的作品《松亭會友》圖（見圖 40），
比吳鎮的《雙松圖》創作年代晚了十九
年。在這幅作品中，背景被處理成留白
的效果，乾淨自然，這與《雙松圖》的
背景效果有明顯區別。王淵《松亭會友》
圖中可見江面上大大小小的漁舟，錯落
有致的安放於不同位置，以此來表現江
面平靜且一望無際的感覺。這樣的構圖
法則和吳鎮的構圖相去甚遠，但是和趙
孟頫的《雙松平遠圖》卻比較相似。而
畫竹出名的李衎，他筆下的《雙松圖》（見

圖 40：（元）王淵《松亭會友圖》

圖 21）甚至沒有出現流水，在畫面中只有松樹立於土坡之上，這又和吳鎮筆下的《雙松圖》大不相同。不同的畫家，繪畫風格不一，構圖形式不同，所表達的思想內涵也不一樣，從這些圖中可見一斑。

「明月松間照，清泉石上流」，這句詩正是唐代以來，以松樹爲題材繪畫作品的最好寫照。松樹、柏樹的描繪往往需要泉水、奇石等作爲陪襯，這也成了人們熟悉的松樹題材作品的一貫風格。而至元代，這樣的風格開始發生變化。此時畫面中的松樹，已經儼然成爲山水景觀的一部分，自然而然的融入了山水之中，朱德潤的《林下鳴琴圖》（見圖 47）、王淵的《松亭會友圖》、趙雍的《松溪釣艇圖》（見圖 41）、吳鎮的《洞庭漁隱圖》中都能看出元代畫家對畫面的這種不同於前代的處理方法。分析了不同時代的不同構圖之後，再回頭看看吳鎮的《雙松圖》，構圖如此具有特殊性，若非因爲繪者想法獨特，是無法構思出來的。回顧吳鎮的生活，發現他一直潛心於研習莊子道家的思想哲學。在他的很多詩詞創作中，都引用了莊子的思想。吳鎮的作品，明爲畫松，暗中又何嘗不是道出了自己的心聲呢？

圖 41：（元）趙雍《松溪釣艇圖》

在用了大量的篇幅來表述吳鎮畫松樹作品的內在含義之後，我們一起來分析一下他所繪松樹圖的畫法。除了《雙松圖》之外，吳鎮也繪有另外一幅以松樹與泉水爲主要對象的作品——《松泉圖》（見圖 37），此圖以松樹和山

泉爲主，配以奇石。畫松筆法飄逸，以書法入畫，有懷素之風韻。畫面中，作者描繪之高松崛起，松下飛瀑傾瀉而出，高處老松的造型蒼勁有力，動感強烈，與一般松樹不同，個人感覺十分奇異。而松樹與山泉的用筆顯得奇崛強硬，得陽剛之美。樹下背陰出點畫迭起的苔蘚，用墨鮮潤華滋。這和使用乾筆淡墨皺染出的高崖對比鮮明，與松木亦形成虛實剛柔的對比感。畫面之中可見長瀑斜掛，而略去溪潭部分的描摹，瀑下更是雜木叢生，水墨淋漓濕潤，給人濃重沉厚之感。

　　吳鎮的作品獨具風貌，典型地體現了中國古代文人畫所特有的文化品質，圖中的松樹，繪畫風格別出新意，形象既像松樹的枝幹又感覺模仿了人手的形象。《松泉圖》中有作者自題：

> 　　長松兮亭亭，流泉兮潾潾。漱白石兮散晴雪，舞天風兮吟秋聲。
> 景幽佳兮足靜賞，中有人兮眉青青。松兮泉兮何所擬，研池陰陰兮
> 清澈底。掛高堂兮素壁間，夜半風口兮忽飛起。至元四年（1338 年）
> 夏至日，奉爲子淵戲作松泉。梅花道人書。〔註32〕

如果拿吳鎮的松樹圖和宋代的李成及蘇軾所繪的樹木形象相比較，可以發現，雖然三者所繪樹木都形象怪異、誇張，但吳鎮的松樹又和其餘二人筆下的樹木形象風格迥異。我們如果說李成筆下的松樹要表現的是那種滄桑悲涼的意境，蘇軾的枯木則是一種在絕望中求生存的含義，是希望絕處逢生的一種表達，那麼吳鎮的松樹圖給我們的感覺是一種極至的喜悅地表達。咋一看吳鎮的《松泉圖》和蘇軾的《枯木竹石圖》（見圖 42）貌似有幾分相像，但仔細分析品味，卻能發現，兩張作品中，枯木（松樹）和石頭的布局卻正好相反。吳鎮作品中的松樹是正面朝著泉水的位置，給人感覺是和泉水相呼應，相迎合的，而蘇軾筆下的枯木形象卻偏離了畫的中心位置，感覺它是在拼命掙脫，某種含義上，是不是蘇軾本身不希望被命運所束縛，藉此表達自己力圖掙扎的感覺。然而，樹畢竟是植物，雖然我們能賦予它們某種含義，但是也不能改變它們本身的特性。樹木是無法離開土地，離開它們固有的位置而生存的。正因如此，越發感覺到在蘇軾作品中，樹木的掙扎和痛苦，以及對自己現狀的不滿和不安，而吳鎮作品中，松樹給人的感覺是滿意的，或者是

〔註32〕《中國美術分類全集·中國繪畫全集·元代繪畫卷》，文物出版社、浙江人民
　　　美術出版社，1997 年 11 月。此書中收錄有《松泉圖》，該圖上有吳鎮自題。
　　　在書的末頁對此畫的詳細介紹中也提及此詩。

安於現狀的。現在很普遍的一個觀點是認為吳鎮畫樹的作品承襲了宋代李郭的傳統。宋代的李郭派主要指的是宋代李成、郭熙、許道寧等人創立出來的寒林、蟹爪古樹的畫法。可是我認為吳鎮的作品不完全是仿造了李郭派的畫法，亦有自己的創新風格。在吳鎮的作品中，他的樹木尤其是我們這裡談及的松樹及檜樹的畫法，形象異常寫實，表現出畫家出乎尋常的觀察能力。吳鎮畫不同的樹木，極其注意各種樹木的不同特徵。可以看到在他所繪《雙松圖》中前景的檜樹以及遠處的杉樹的描繪；《中山圖》（見圖 43）中畫的杉木、《洞庭漁隱圖》中的松樹及雜木、《漁夫圖》（見圖 44）中杉木的描繪等等，都準確的掌握並描繪出不同樹木的不同特徵，而並沒有全部使用李郭派特有的蟹爪枝的造型。因此，在元朝，例如唐棣、朱德潤等人確實喜歡模仿李成、郭熙筆下的蟹爪枝造型，但吳鎮卻不在此例，也不能認為凡是畫松柏檜的畫家，一定就是李郭傳派。

圖 42：（宋）蘇軾《枯木竹石圖》

圖 43：（元）吳鎮《中山圖》　　　　圖 44（元）吳鎮《漁夫圖》

3.9 李士行《喬松竹石圖》及其他

　　李士行（1282～1328），字尊道，大都（今北京）人，爲李衎之子，秉承家風，善於繪藝，曾向元仁宗進呈《大明宮圖》，得入仕爲官，做到浙東黃巖知州，故有李黃巖之稱。他善畫古木竹石，亦長於畫松，張雨《貞居先生詩集》卷六有《李遵道寫〈蟠松〉》詩云：「樹木知何曲全意，世人莫怪支離形；中茅嶺上蒼髯叟，臥護東南半壁青。」〔註33〕表達了對李士行松樹圖的贊許，稱其所繪松樹有蟠曲之姿，以維護東南之地，藉以讚揚李士行委屈爲官，實利於民。而劉崧《劉槎翁詩集》卷四《題李遵道〈石林秋思圖〉，爲劉元善賦》，則稱讚李士行畫「長松或擁翡翠幌，曲蔓亦冒珊瑚鉤」，具有茂盛的冠蓋，護祐治下的眾生，「爲政不憂」，「託興屬幽遠」。〔註34〕鄭元祐《草堂雅集》卷五載張天英《題李遵道〈頂松〉》，更有句云：「蒼髯鐵爪欲飛揚，肯與人家作棟樑；記得石橋明月夜，一溪龍影茯苓香。」〔註35〕將李士行借松以抒棟樑之志和盤托出。可以說李士行已豐富了前人畫松的內涵，不僅清高正直，追求自由，還寓以委曲求全，擔當大任，護祐民生的棟樑之責。

圖45：（元）李士行《喬松竹石圖》

　　雖然時人曾用「畫松得名今是誰，黃巖太守誇絕倒」的詩句來讚揚李士行畫松的技藝〔註36〕，但李士行所寫松樹圖存世甚罕，遠不如其竹石圖存世之多。臺北故宮博物院幸而存有他所作《喬松竹石圖》軸（見圖45），讓後人可以窺見其松樹圖之一

〔註33〕見陳高華彙編著《元代畫家史料》杭州出版社，2004年3月，第263頁。
〔註34〕同上書，第269頁。
〔註35〕同上書，第272頁。
〔註36〕（元）王冕《竹齋詩集》卷二《題金禹瑞〈畫松圖〉》，見陳高華編著《元代畫家史料》杭州出版社，2004年3月，第267頁。

斑。此圖頗具藝術特色，即松樹的主幹並非挺直偉岸，而呈一波三折的盤曲生長之狀，枝幹轉折處彎扭縱橫，繪上樹洞疤痕；此外，樹的金錢狀皮斑，則隨樹幹的曲折起伏而忽上忽下，忽左忽右，以呈現老樹的曲折、圓渾、立體形狀，具有衝破壓抑的鬱勃生長之勢。雖然松針疏落，但虬枝四發，左右前後猛然伸展，勢不可擋，具有頑強的生命力。這顯然與上述詩句中所述畫家委曲求全，立護一方的心情相吻合，可謂以形寫神而神形兼備。李士行又在松下添上了風竹、小草、坡石，既增添了瀟瀟的清趣，又補充了松樹迎風不懼的堅貞英姿，使畫面那松樹扭曲誇張時的身姿，顯得更為突兀生動。其流暢多變的線條，疏密濃鬱的墨迹，虛實相生的空間，高低錯落的造型，也給觀眾留下了較深的視覺印象。

3.10 朱德潤《渾淪圖》及其他

朱德潤（1294～1365 年），字澤民，別號存復，又號空同山人。平江，（今江蘇蘇州）人。主要活動於元代，出生於官宦世家，因宋南渡之後，全家遷至吳中，遂其為當時吳中著名的書畫家。朱德潤自小喜愛讀書，對古詩詞尤為感興趣，曾以詩仙李白為師，潛心學習，在繪畫上也頗有造詣，山水畫法遠及唐青綠鼻祖大小李將軍，宋代李成、郭熙等人，近則師法趙孟頫、高克恭等畫家筆法。其主要創作題材為山水畫，在創作中，他非常重視對景寫實的本領，常常置身於山川之中，觀陰晴晨晦不同之景，感受春夏秋多草木變化之狀，認為只有深切體驗觀察自然界的真實景色之後，才能將眼中之境創作於紙上，達到「以慰我心」的藝術效果。因此，在他的作品中，並不一味的拘泥於摹古，而更加追求那種婉約自然、平淡天真的藝術風格。筆下山水作品以自然見長，將李成、郭熙一派渾厚堅挺的筆墨與董源、趙孟頫之清秀圓潤的筆墨相結合，創造出自己的山水畫特有風格。

朱德潤筆下的松樹作品非常多，著名作品有《渾淪圖》（見圖 46）、《林下鳴琴圖》（見圖 47）、《松澗橫琴圖》（見圖 48）《松溪釣艇圖》（見圖 49）、《秀野軒圖》（見圖 50）、秋林垂釣圖（見圖 51）等。其中有的作品是松樹和怪石的組合，有的是將松樹置於山水畫背景之中，而有的則是松樹與人物畫的結合，不同的作品呈現出不同的風格，所隱藏的內涵和表現的意境也不盡相同，因此需要一一剖析瞭解。在瞭解他的這些松樹作品之前，當然應該先簡單瞭解一下朱德潤生活的時代背景及他的生平經歷。

圖 46：（元）朱德潤《渾淪圖》局部

　　朱德潤的一生並非一帆風順，事事無憂，應該說從他二十五入京開始，經歷了三次大起大落。1319 年，朱德潤首次入大都，由於此次入京是受到趙孟頫的舉薦，因此並未費多大波折便受到高麗忠宣王沈王的賞識，並由沈王將其引薦於仁宗皇帝。在仁宗、英宗兩朝，朱德潤被授予官國史院編修，官至五品。可惜好景不長，在英宗於 1323 年被刺殺之後，朱德潤也因此罷官回到吳中，他看透了朝廷的勾心鬥角，聯想到人生的起起落落，於是便隱居起來，這一隱居就長達三十年之久。至正十年（1351 年），江南爆發動亂，朱德潤又在江南復出，爲「江浙行中書省照磨官」，並鎮守長興等地。至至正十三年，因病再次歸隱。

　　朱德潤最有名的作品《渾淪圖》（見圖 46）即是在隱居的這段時間創作完成的，創作時間約爲 1349 年，也就是他隱居三十年之後再度復出之前。當時的元代，正是統治階級腐朽沒落，病入膏肓的時期。朝廷之中寵幸姦臣，皇帝荒淫無度，民間課稅繁重，民不聊生，各地農民起義風起雲湧。當時的元順帝，聽信了哈麻等人的讒言，對漢人徹底失去了信任，並在此基礎上徹底取消了已經長期存在的科舉考試制度，漢人一下子失去了晉升的階梯，尤其是南方的漢人從此意志消沉，文人士族們開始尋求新的心理安慰和寄託，整天流連忘返於自然山水之中，以期麻痺自己，消除痛苦和煩惱。而作爲受到

儒家思想強烈影響的朱德潤來說，這無疑也是非常沉重的打擊。他一身仕途坎坷，鬱鬱寡歡，滿懷「先天下之憂而憂，後天下之樂而樂」的報負，卻無處施展才華，滿腹盡忠報國之心，卻苦於現實之中無法實現。內心是如此的苦悶和彷徨，因此也只能以「混淪」之圖，求得當時心理的平衡和舒展。在這樣的時代背景之下《渾淪圖》因此而誕生。

《渾淪圖》，水墨，紙本。縱 29.7 釐米，橫 86.2 釐米，現收藏於上海博物館。該圖卷首處，有隸書所題：「渾淪圖」三字。該圖左側，明顯倣仿北宋李成、郭熙之法，畫坡石之上挺立一株古松，松樹蒼老遒勁，造型如虯龍，其枝幹似龍爪。松幹之上盤纏有若干藤蔓，藤蔓的鬚絲飄於空中，有升騰之感。用筆蒼老潤澤，勁挺灑脫。而畫面右側則繪以一個直徑約 9 釐米的圓圈。圓圈右側題有上述：「渾淪圖」三字。字旁有行書題贊曰：

> 渾淪者，不方而圓，不圓而方。先天地生者，無形而形存；後天地生者，有形而形亡。一翕一張，是豈有繩墨之可量哉！至正己丑歲，秋九月日廿又六日，空同山人朱德潤畫。〔註37〕

所謂混淪，在《列子・天瑞篇》中提到說：

> 氣、形、質具而未相離，故曰渾淪。渾淪者，言萬物相渾淪而未相離也。〔註38〕

這就是指萬事萬物還處於不知方圓，沒有規矩的混沌狀態之中，這和道家的某些思想不謀而合，在道家思想中，一切事物只有返本歸眞，回歸自然和最初的狀態，才能不受世間萬物的紛擾，保持清淨之心。當時的朱德潤，處於理想與現實產生矛盾的狀態之下，因此他也寄希望於復歸「渾淪」，在渾淪之中，在最原始的狀態之下，求得心態的平衡和舒放。這或許是他創作《渾淪圖》的最初動機所在。圖中的松樹，在我認爲表現的是畫家以松樹喻君子。在元代這個動蕩的年代，君子之風不在朝，而在野，這樣的風氣正如常年生長於深山萬壑之中的古松一般，雖然紮根於亂石之中，但卻志向遠大，志存高遠；雖飽經嚴冬卻不凋零，於亂石雜草山崗之中傲然挺立。松樹的處世之態即爲：既不欺世，也不墮世，不卑不亢，下接凡木，平易常見，卻又和而

〔註37〕《中國美術分類全集・中國繪畫全集・元代繪畫卷》，文物出版社、浙江人民美術出版社，1997 年 11 月。在此卷中收有《渾淪圖》。在該書末頁有對此圖的詳細介紹，中有提及此首題畫詩。

〔註38〕張長法著譯，《列子・天瑞》，中州古籍出版社，2010 年 5 月，第 20 頁。

不同。這是爲何松樹可比附於先世之賢的一個極其重要的原因所在。元代畫家畫松圖，大多數的本義也在於此，故以松樹來論人品及風格，也是當時最爲貼切的，爲處於亂世的文人最基本的立身救世的理想品格的眞實寫照。

　　若從朱德潤畫松的技法上來看，不同時期其技法有著不同的改變，從其流傳至今的畫卷來分析，他的繪畫風格既有學習許道寧、李成、郭熙等前輩畫家的作品，也有從與他同一時代的繪畫大師作品中借鑒而來的畫風，同時亦有自己的創新，別開新意，將多種不同的繪畫風格融會貫通並吸收於自己的畫作之中。就他的繪畫作品而言，大體可分爲三個時期，我將具體以一些松樹圖爲例來一一分析。

　　一、朱德潤早期的畫法，學習的是李成郭熙一派。據史料記載，朱德潤最早的技法是向許道寧學習的。而當時許道寧又拜師於李成。在《圖畫見聞志》中對許道寧的技法有這樣的評述：

　　　　畫山水林木，唯摹李成。〔註39〕

因此朱德潤之後的技法，就逐漸由學習許道寧轉而學習郭熙、李成的技法了。他早期的山水畫，技法上與郭熙極其相似。三遠並重，畫面壯麗遼闊，平遠之圖甚多，多寫中原地區之清曠之景。此時的代表作以《林下鳴琴圖》（又名《松溪放艇圖》）（見圖47）及《松澗橫琴圖》（見圖48）爲代表。《林下鳴琴圖》現藏於臺北故宮博物院，絹本設色。縱120.8釐米，橫58釐米。圖上描繪的是朱氏一向喜愛之高士雅居的題材。畫面天高雲淡，深秋時節，樹葉盡落。近景處，三位高士坐於長松之下，一人撫琴，其餘二人則觀琴談天，全圖松風琴韻，表現出文人逸士的雅興。此圖前端的幾株松樹，畫的十分高大，充滿生氣。江面上則有一高士放艇遊弋。畫面後部的中景及遠景描繪有向遠處縱伸的湖水，與

圖47：（元）朱德潤
《林下鳴琴圖》

〔註39〕（宋）郭若虛《圖畫見聞志》四部叢刊續編本，商務印書館景印宋刻配元鈔本，1984年出版，又見江蘇美術出版社，2007年8月出版，第224頁。

遠處的天相接，以此突出松樹的高大，給人
一種崇高的感覺。松樹的枝條似蟹爪一般，
而坡石的畫法也顯然從郭熙處得來。只是畫
面上除了李成郭熙的筆法之外，整體感覺更
加灑脫，並融入了一些當時文人特有的喜好
即歸隱題材。畫面中的松樹既是山水畫的一
部分，又處於突出位置，表現出隱士的高逸
清雅之情。

圖48：（元）朱德潤
《松澗橫琴圖》

　　《松澗橫琴圖》同為朱德潤早期風格的繪畫作品。該圖為扇面，絹本水
墨。縱24.7釐米，橫26.9釐米，現收藏於臺北故宮博物院。圖中可見松樹，
松枝呈蟹爪狀，且枝葉纏結在一起，很明顯源於「李成郭熙」一派的繪畫風
格，這幅作品也被公認為是其早期的代表作品。此圖與前圖《林下鳴琴圖》
所繪的內容頗為相似。都是以松樹和人物相結合的山水畫作品。在畫面前景
處也立幾株老松，松下仍然是三人圍坐，一人彈琴，其餘二人欣賞。但是整
幅作品的畫面感卻和《林下鳴琴圖》給我們的感覺截然不同。首先，他筆下
的松樹不再描繪得異常高大，凸顯於前景之中，因此，之前給我們的崇高感
在這幅畫面中便消失了。此外，畫面遠處的山體部分也沒有過多縱深感的描
繪，因此深遠法在此幅圖中並沒有起到作用。取代深邃遠山的則是前景中潺
潺流水的小溪，這種構圖方法明顯受到了南宋院體畫家馬遠、夏圭的影響。
提起元人的作品，我們往往會認為由於歷史問題，元畫會採取極力迴避模仿
南宋畫院的繪畫模式，而以摹古為主。然而，南宋畫院畫家那種一邊一角的
取景，由於在創作中融入了當時自己苦悶的心態，因此在元代，畫家們又有
意無意的開始傚仿此類作畫風格。通過松樹自喻，再加上邊角之景的創作，
通過作品來表達自己的志向及苦悶心境，這種寓意在作品中表露無遺，而此
種繪畫方式也被元人發揮到極致。朱德潤此時期的眾多松樹作品便向我們揭
示了這其中的奧秘。

　　在畫面結構上，此圖於前圖的差別在於，整幅畫面被分成兩個部分來描
繪，畫面的左側主要描繪頂天立地，枝繁葉茂的參天松柏；而畫面右側則繪
三位高士端坐於松樹之下，中間的那位高士神情專注，用心撫琴，而他左側
之人則側耳聆聽，欣賞其優美的琴聲。位於右側之高士卻若有所思，漫無目
的地隨處張望。在人物的左右兩側，分別繪有潺潺溪水，而溪水的源頭則隱

匿於畫面的遠處，這種構圖方法將整幅作品分成了左右兩半，構成了一個新的部分。全圖複雜的視覺效果，左邊部分，樹林層層疊疊，茂密繁盛，樹葉濃淡不同，錯落有致，各種大面積的色塊交替渲染樹叢的效果，加強了畫面的縱深感效果；而畫面的右側視覺則和左側形成了鮮明的對比。右側孤樹的單純性和左側的複雜性對比強烈。此外，該圖前景的寫實性和後邊景物的朦朧性，也造成了整幅畫面的視覺衝突感。這種複雜的畫面和強烈的視覺衝突感，正是元代畫家所想要的，他們將自己的主觀情緒帶入到客觀繪畫的眞實寫照之中，用繪畫來表達自己的矛盾和不安。

在北京故宮博物院中收藏的朱德潤的另外一幅名爲《秋林垂釣圖》（見圖51）的作品，這幅作品與之前提及的《松澗橫琴圖》非常相似。該圖縱 28.1 釐米、橫 26.6 釐米，由於創作年代久遠，因此題字不清，但是仍然能隱約可見落款處「朱澤民」三字。作品中古松喬木參天，虬曲如盤龍，松樹下繪山石、雜草，畫面左側則爲一條蜿蜒小溪。遠景空蒙、幽曠，有一孤舟，蓑笠翁坐於之上垂釣，景致悠閒中帶有荒寒之意境，人物刻畫簡潔明瞭，中規中矩。松樹的畫法在各個部分略有不同，樹杆用的是雙勾塡色的畫法，松針處則使用中鋒用筆來勾勒，線條頓挫有力，將書法的用筆融合到繪畫之中，兼工帶寫，整體畫面在構圖上採用對角線的構圖方法，除此之外，其餘繪畫用筆均與《松澗橫琴圖》相類似，亦疏於朱早期的繪畫作品。從這些作品，我們可以分析出，朱德潤早期繪畫作品以模仿爲主，自己的繪畫風格並不是特別明顯，在他的繪畫作品中可以看出北宋大家李成、郭熙、許道寧以及南宋畫院中馬遠等人的深遠影響。但值得注意的是，除了受到前輩大師的影響之外，在朱德潤的作品中也摻有自己的個人意趣和審美品位。他的繪畫用筆在趙孟頫的風格之上又受到「李成郭熙」畫派中郭熙風格的影響，但在畫面的意境表達方面卻又偏向於李成。這種風格的形成，並非他一己之力就能改變的，而是受到當時整個時代的影響。

二、朱德潤中期畫法。這個時期，朱德潤的畫法開始有所轉變，基本出於他隱居的時段，時間跨度大致到至正九年爲止。這個時期，雖然他的絕大多數松樹圖作品，仍舊能看出李成郭熙畫法的身影，畫樹仍用蟹爪皴，畫石主要使用卷雲皴，但在其畫面之中，松樹的高度開始發生變化，不再像之前如此高大挺拔。我們也發現宋代一再強調的以三遠法爲主旨的畫面縱深感也隨著樹木高度的變化而逐漸消失。平和、婉約、簡淡的畫面感因此取而代之。

《松溪釣艇圖》（見圖49）可以代表這個時段的作品特色。該圖現收藏於北京
故宮博物院，卷軸，紙本，墨筆。縱31.5釐米，橫52.6釐米。畫面顯著的地
方繪有成片的坡石，石旁立有一株古松。古松呈高幹盤曲狀。松樹旁邊繪有
雜樹，下有小草相映襯。畫面前景近松樹處，湖面如鏡，煙波浩渺，遠景如
煙，則寫一抹遠山描繪的虛無縹緲，天水一色相接於遠處。而寧靜的湖面上
則漂有一葉扁舟，舟上三人漁歌唱晚，意境悠長，這樣的點睛之筆實爲妙哉！
打破了之前畫面過分靜寂消沉之感。圖中近處所繪松樹，疏密結合，用筆爽
勁利落，用筆尖的點觸法，著意描繪松針的細膩效果。松樹一側傍以坡石，
石頭畫法較溫和婉約，皴法錯落濃淡有致。畫中人物多用白描，筆簡意賅。
畫風之中，除了學習李成郭熙畫法之外，又不乏己意。此外，圖中還自題詩
一首：

圖49：（元）朱德潤《松溪釣艇圖》

　　　　醜石坐蹲山下虎，長松倒臥水中龍。試君眼力知多少，數到雲
　　峰第幾重。朱澤民。〔註40〕

從此圖中，可見朱德潤構圖手法中的些許微妙變化。首先，北宋力推的高遠
法在畫中已不再運用，畫面之中取景皆爲近景。但從全圖來看，似乎又結合

〔註40〕《中國美術分類全集·中國繪畫全集·元代繪畫卷》，文物出版社、浙江人民
　　　　美術出版社，1997年11月。該書收錄《松溪釣艇圖》，圖中清晰可見此題畫
　　　　詩。

了南宋馬遠夏圭一邊一角的構圖式。此幅作品與之前我們談及的《渾淪圖》在畫法和構圖上都有非常相似之處。

　　三、朱德潤繪畫風格的突變還是在他到了晚年之後才形成的。這個時候的典型代表作品應爲其名作《秀野軒圖》（見圖 50）。創作年代應該爲至正二十四年即公元 764 年，也就是他去世的前一年。在作品中，我們幾乎看不到北宋李郭畫派對其繪畫的影響。除了圖面右側的兩株松樹在松枝的描繪上，還略微保留了典型的蟹爪皴的效果之外，其餘全都不留北宋繪畫之痕迹。而此時的作品，雖然畫面中仍然出現了松樹的形象，但是松樹也由過去在全圖中占主導地位而至此圖中被畫至圖的邊緣地帶，且樹形縮小，筆法也更爲簡易蕭疏。畫面遠處山的畫法，放棄了李成郭熙畫派卷雲皴的效果，而用筆觸較短的披麻皴代替。除了松樹之外，近景中各種雜樹，畫法平淡天眞，感覺完全出自董源一派。這個時期朱德潤筆下的作品，無論是松樹還是山水，皆由李郭畫法開始轉向董巨的風格。

圖 50：（元）朱德潤《秀野軒圖》

圖 51：（元）朱德潤《秋林垂釣圖》

3.11　楊維楨《歲寒圖》及其他

　　楊維楨（1296～1370），字廉夫，號鐵崖、東維子、鐵笛道人、抱遺老人等，諸暨（今屬浙江）人。少年時其父築藏書樓於鐵崖山，蓄書萬卷，植梅百株，去梯，讓其登樓專意攻讀，因而學問博洽。泰定進士，官至江西儒學提舉。後見世事紛亂，遂棄官浪迹江湖，初避富春山，後居杭州。張士誠聞其名，屢召不赴。又遷居松江。晚年勉強應朱元璋之召修禮樂志，初定敍例即歸，卒於家。楊維楨與黃公望相似，喜音樂，浪漫自得，善吹鐵笛，工詩。性格倔強豪邁，長於行書，用墨頗重，縱橫交錯，疏密有致，奔放灑然，若披頭散髮之狀，人稱有亂世之象，破「松雪體」一統書壇之狀，孤偉特立。有《東維子集》、《鐵崖先生古樂府》等行書。楊維楨的書法存世有《夢遊海棠城詩》、《眞鏡庵募緣疏》等，散存於各地博物館，在書法界較爲著名。但他亦會作畫，雖然名不見畫史，卻有《歲寒圖》存於臺北故宮博物院，這不得不讓人備感元人畫松情節的濃鬱。

　　楊維楨《歲寒圖》（見圖 52）僅繪一蒼松，而無竹、梅點綴。蒼松主幹從右向左扭曲而生，頂梢向右轉至畫心中部，成左上右下的兩股分叉，右下之枝作斜垂之狀，左上之枝作伸張之狀，而又各有數枝松梢四出，狀若龍爪鹿角頗爲勁健。畫家以細筆劃出道道松針，有如馬尾，有如盤扇，濃淡相間，疏密互補，而禿枝鹿角與落葉蟹爪尤爲突兀囂張，增添了松樹的不羈動感。松樹主體則鱗斑與苔點、斷枝、疤洞、皺節紋理，間見層出，變化起伏，極具立體長勢及勁健氣韻。尤其是主幹分叉處及老枝下垂之處，畫家以輕柔的細線配上點點碎墨，給松樹綴上纏掛的細藤，既有飄逸感，又有下垂感，還有旁樹而生的上升感，使蒼松在這奇妙的青藤纏綿間多了些許歲月的滄桑印痕。全圖用筆輕鬆流暢，筆鋒變化多端而一氣呵成，富有狂野之勁與瀟灑之韻，書法用筆，一波三折，毫鋒跌宕，粗細由之，自然生動，精妙絕倫。

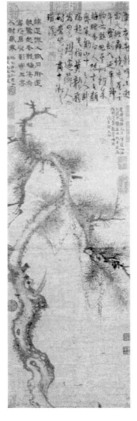

圖 52：（元）楊維楨《歲寒圖》

楊維楨自以行書題畫上云：「潭底老龍呼不起，雷火鏗轟燒禿尾。千年寶劍入延年，神物無由見其似。朝來持贈爲何人，陳玄毛穎齊策動。山中之人臥病起，筆梢黃龍飛爲雲。鐵笛道人爲耐堂先生畫中淞之璜溪。」可見楊維楨以龍喻松，以雄才喻人，以不輕易出山、志向高遠來自喻喻友。這自然讓觀者想到了他見世亂而歸隱的生涯，想到了他因避亂而不願爲元廷和張士誠、朱元璋效命的行徑，雖經各種壓力而不屈。

此圖上還有楊維楨門生徐大和題云：「雙璜溪頭三月輝，道人袖劍月中歸。石池夜半風雨作，化得蒼龍擘峽飛。」諸生呂心仁題云：「鐵笛仙人鐵石肝，笛聲驚起老龍蟠。倭麻寫得蒼髯影，寄與高人耐歲寒。」這些詩也說明了畫家以龍喻松的脫俗不凡，以松的歲寒不凋喻人堅貞的品德。這自然是畫家對所處元末亂世的自愛哲理。

3.12 唐棣《霜浦歸漁圖》及其他

唐棣（約 1297～1365 年），字子華，吳興（今屬浙江）人。年輕時以茂才異等被薦入仕，歷任彬州教授、青田縣巡檢等職。因善繪而參與集慶（今江蘇南京）皇家龍翔寺壁畫的創作，所作受元廷的賞識，乃調往大都（今北京）畫皇宮嘉禧殿壁畫，後官至蘭溪（今屬浙江）知州。唐棣一生爲官清廉，深得民意，以致離任時「官民泣涕，塑像祀春秋」。〔註41〕他善詩歌，曾追隨趙孟頫習藝，工於山水。現存作品有《林蔭聚飲圖》、《漁港捕魚圖》（皆藏上海博物館）、《長松高士圖》（四川博物館藏）等。

其中臺北故宮博物院所藏《霜浦歸漁圖》（見圖 53）爲其畫松的代表佳作，圖

圖 53：（元）唐棣《霜浦歸漁圖》

〔註41〕（元）張羽《奉訓大夫平江路知州致仕子華唐君墓碣》，見（明）董斯張編《吳興藝文補》卷三十，據陳高華《元代畫家史料彙編》，杭州出版社，2004 年 3 月，第 361 頁。

上繪有二株長於坡後的巨松，傲然挺立，樹冠茂盛，幾乎佔據了一半以上的畫面，而樹下三位歸家的漁翁卻反而成了配角。元代文人承南宋遺風，常畫漁翁、牧童以象徵高人隱士的放情山野、追求自由，故常有釣艇、牧牛等圖問世。唐棣此圖亦寓有相同的意境，三位漁翁或背竹漁網，或負船繩，或擔竹筐，神情怡然，談笑而歸。爲了增添漁翁的清高不羈、自由傲岸之意，唐棣更繪上二株喬松，勁挺秀拔，頂天立地。他繪松枝法一如趙孟頫《雙松平原圖》，承宋人李成、郭熙繪松之法，強調松樹主幹的挺拔與樹幹的茂盛。葉則如針，四面出鋒，具有針刺般的外伸之力；而枝則如虬龍舞爪，狂放不羈，以顯雙松頑強的生命力，寫出了唐棣「目熒熒」、「骨棱棱」，「瞭然如澄漢之星，凝然如絕壑之水」的氣質。〔註42〕

　　唐棣還繪有《雲林仙館圖》，友人鄧文原題云：「危峰削玉插晴空，淋漓秀色含鴻濛。世間萬物有時易，惟有青山今古同。隱君山下營第屋，煙霞笑傲逃塵俗。日長心境鶴俱閒，自掃白雲松下宿。溪頭覓句行遲遲，童子囊琴歸竹籬。猗蘭調古少人聽，等閒何處尋鍾期。」〔註43〕除此圖之外，其尚存《雙松圖》。沈夢麟題詩稱讚云：「唐侯胸中有丘壑，落筆長松出林薄。蛟龍並作勢欲飛，鸞鳳雙棲翠交錯。」又稱此圖令人有「開卷清風謖謖吹」之感。〔註44〕雖此二圖已不存，但從鄧文原、沈夢麟的詩中我們可以窺見唐棣繪松以寫清高隱逸的旨趣。

　　唐棣的另一位友人道士張羽，在其《靜居集》卷二《唐子華雲山歌》中，更爲明確地指出「由來書畫總心畫，政自不在丹青裏」，而唐棣之畫與高克恭、趙孟頫一樣，「營丘乃自胸中起」，非「庸夫俗等」所能知也。〔註45〕從上述

〔註42〕　（明）朱晞顏《瓠泉吟稿》卷四《唐子華畫像贊》，見陳高華《元代畫家史料彙編》，杭州出版社，2004年3月，第368頁。

〔註43〕　（元）鄧文原《唐子華〈雲松仙館圖〉》，據《元詩選二集　素履齋稿》，見陳高華《元代畫家史料彙編》杭州出版社，2004年3月，第385頁。

〔註44〕　（元）沈夢麟《花溪集》卷二《唐知州〈雙松圖〉》，見陳高華《元代畫家史料彙編》，杭州出版社，2004年3月，第377頁。

〔註45〕　（元）張羽《靜居集》卷二《唐子華雲山歌：「前朝畫品誰第一，房山尚書趙公子；二公何以能絕倫，丘壑乃自胸中起。由來書畫總心畫，政自不在丹青裏；當時豈無劉與商，屏障紛紜何足齒。唐侯本是雲以秀，愛畫彷彿董與李；長松平遠早巳工，更上歙洲香水山。歸來卻師郭咸寧，參以房山勢莫比；始知絕藝老更成，庸夫俗輦那知此！此圖三尺誰爲贈，雲氣蒼茫石魂磊；牛羊未歸樵子出，户牖寥落蒼厓低。寫成不題歲月寒，要是頭白居鄉里；乾坤浩蕩江海空，後人未續前人死。爲君題詩三歎息，世上好手今餘幾；嗚呼！尚

的作品與時人的評論中，更讓我們瞭解，唐棣繪松的寫意暢神、以畫爲喻、以畫爲寄、以松言志的情結。

3.13、倪瓚《六君子圖》及其他

倪瓚（1301～1374），字元鎮，無錫人，因在無錫修建了雲林堂，故號雲林居士，爲元代著名畫家。他家境富裕，是蘇吳地區有名的大戶人家，因此衣食無憂，也終生未仕。倪瓚善畫山水，筆法學董源，亦涉及書法及鑒賞等各領域，興趣愛好廣泛，家中藏書甚多。他的作品不落窠臼，自稱一派，有較明顯的個人風格。作品的構圖多爲兩岸一水式的縱軸，以平遠見長。畫作中常常樹木掩映，不乏竹石房屋，給人可遊可居之感。側鋒用筆是其專長，畫中多帶皴法，若即若離，整個畫面多給人蕭條淡漠孤寂之感。畫面上再配以書法及詩詞，正可謂詩、書、畫三絕。倪瓚的作品往往關注與抒發自己的心中情感，用於抒情表意，正如他自己所說：

> 僕之所謂畫者，不過逸筆草草，不求形似，聊以自娛耳。〔註46〕

這樣的繪畫理論觀點在元代備受推崇，也影響到了明清時期的文人畫家創作。

倪雲林性情敦厚，樂於助人，清高脫俗，淡泊寧靜。在元代前期，一直過著安逸舒適的日子。除書畫之外，他也潛心研習佛道禪學思想，在當時動蕩的社會，像這樣的人無疑是士大夫畫家中的典型代表人物，被人們尊稱爲「高士」或者「君子」。然而身處元代末期亂世之中的倪瓚，內心卻不能像他的畫面那樣平靜，還是極其複雜和矛盾的。一方面，他不希望看到農民起義，因爲這是造成他家破人亡的根本原因；而另外一方面，對於官吏不斷的剝削壓榨和勒索，又恨之入骨。在這樣的情況下，倪瓚含冤入獄，出獄之後便看破紅塵，捨家棄業，游蕩於太湖小島之上，思想空靈而寂寥。在給友人張以中的詩中，這種居無定所，無依無靠的心酸之情，表露無遺：

> 亂後歸來事事非，子長遊歷壯心違……君今尚有歸耕地，顧我
>
> 將從何處歸。〔註47〕

書公子不復見，得見唐侯斯可矣。」見陳高華《元代畫家史料彙編》，杭州出版社，2004 年 3 月，第 379～380 頁。

〔註46〕（元）倪瓚著《清閟閣全集》卷十《尺牘篇》之倪瓚《答張藻仲書》，出自湯麟著《中國歷代繪畫理論評注：元代卷》，湖南美術出版社，2009 年 12 月，第 165 頁。

〔註47〕（清）顧嗣立編撰《元詩選二集·甲集》，中華書局編輯部，1985 年 12 月，第 218 頁。

　　倪瓚的很多幅作品都是當時他自己心態的真實映照。畫面中雖然沒有出現畫家的形象，但那些形單影孤的樹木的影子，從某個層面，就像一位孤單落魄的君子，在月下湖邊凝思。

　　《幽澗寒松圖》（見圖 54）便是一例。此幅作品是為友人周遜學所作，並題五言詩：

圖 54：（元）倪瓚《幽澗寒松圖》

　　秋暑多病暍，征夫怨行路。瑟瑟幽澗松，清陰滿庭戶。寒泉溜崖石，白雲集朝暮。懷哉如金玉，周子美無度。息景以橋對，笑言思與晤。〔註48〕

〔註48〕《中國美術分類全集·中國繪畫全集·元代繪畫卷》，文物出版社、浙江人民美術出版社，1997 年 11 月。該書中收錄《幽澗寒松圖》，圖上可見此題畫詩。

　　倪瓚清高持節，一生不仕，他「白眼
視俗物，清言屈時英。富貴烏足道，所思
垂今名」。不僅自己抱守出世的生活態度，
而且對朋友們的入世爲官也堅決反對。此
幅一爲友人贈別，更是勸友人「罷」征路，
「息」仕思，含有強烈的「招隱之意」。平
遠畫溪澗幽谷，山石依次漸遠，二株松樹
挺立於杳無人迹的澗底寒泉，意境荒寒，
超然出塵，似乎暗寓著仕途的險惡和歸隱
的自得。構圖不用常見的「一水兩岸」兩
段式章法，但畫幅上方和其大多數作品一
樣，留出大片空白，讓觀者分不清哪裏是
水，哪裏是天。山石墨色清淡，筆法秀峭，
渴筆側鋒作折帶皴，乾淨利落而富於變
化。松樹取蕭疏之態，筆力勁拔，用意深
遠。此幅作品簡淡超逸，雖未署年款，但
從書法由豎長變爲扁方以及名款和畫風來
看，當是晚年之作。

　　而縱觀他的作品，又以描繪樹爲主要
對象的《六君子圖》（見圖 55）最爲出名，
此幅作品很好的詮釋了當時畫家熱衷於畫
松樹，畫樹木的眞實含義。《六君子圖》是
倪瓚流傳下來的作品中知名度相當高的一
幅畫作。全圖採用倪氏固有的構圖方式，
將圖畫分爲近景、中景和遠景三部分。圖
的中間部分是一片寧靜的湖水，近景及遠

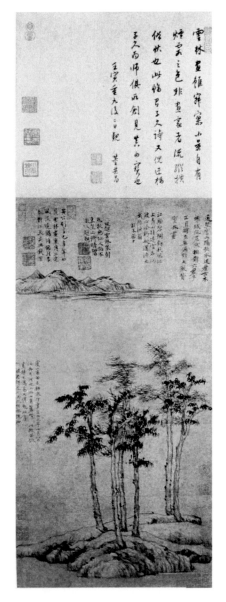

圖 55：（元）倪瓚《六君子圖》

景用墨均勻，效果分明。整幅作品不著渲染，全以墨筆勾勒，描繪出一片安
靜、高潔，疏朗、清雅而又略帶一絲憂愁的山水之境。在虛無縹緲之中隱約
可見作者「不食人間煙火」的隱逸之情。倪瓚作品大部分的構圖都是兩岸一
湖，此圖近景的山坡之上，有著六棵樹，分別是松樹、柏樹、樟樹、楠木、
槐樹及榆樹。邊上有倪瓚的自題：

　　　　盧山甫每見輒求作畫，至正五年四月八日，泊舟弓河之上，而

　　　山甫篝燈出此紙，苦徵余畫，時已憊甚，只得勉以應之，大癡黃師

　　　見之必大笑也。倪瓚。〔註49〕

畫面右上角爲元四家之首黃公望的題跋：

　　　　遠望雲山隔秋水，近看古木擁坡陁。居然相對六君子，正直特

　　　立無偏頗。〔註50〕

黃公望在這段跋文中將這六棵直立向上的樹比喻成六君子，此圖的題名即來
源於此。元代，隱逸之風的盛行歸根結底是由於異族的殘酷統治所造成。倪
瓚算的上是這一時期由於傳統文化的影響而歸隱江湖的傑出代表人物了。在
他的《六君子圖》中我們可以看出作者對這種歸隱寓意的主動把握及充分展
現。圖畫近景中的六棵樹木：松、柏、樟、楠、槐、榆排列錯落有致，樹的
造型偉岸清倔，但卻透出蕭索寥落的淒涼之感。作者借樹來感傷，心中抑鬱
之氣在此畫中不言自明。《六君子圖》中的松樹與荊浩、郭熙等前輩畫家筆下
的松樹一般的正直，一般的高傲，但唯獨不同的是，「君子們」的心態卻在此
圖中發生了變化，積極進取，剛健厲烈的氣息已不復存在，卻多了幾分顧影
自憐的傷感與頹唐。倪瓚筆下的松樹儘管一樣的堅挺筆直，但卻又在不經意
間流露出一種冷漠而自足的逍遙任性。

　　在修辭學上，有一種手法叫做「比德」。這種說法最早出現於春秋戰國
時期，是當時表現出來對自然美進行解釋的一種觀點。這種觀點的基本意
思大致是認爲自然界各種生物之所以美的原因，是因爲可以把這種生物作
爲審美的客體將它與審美的主體進行「比德」，從中可以感受到或者體會到
人類的某種人格化的美好。這裡的「比」，指代象徵或者比擬的手法，而「德」
則表示在倫理或者精神層面的某種高尚的道德。「比德」的基本觀念和特徵
就是把自然界生物的某些固有特徵比附於人的某種道德思想情操之上，賦
予這種生物新的價值和審美觀念。在《六君子圖》中，我們首先要確定黃公
望所說的「正直特立」並不是樹的基本屬性，而黃把六棵樹比作六君子，
是將樹的眞實屬性和樹的實體特徵分隔開來，然後將樹的屬性附於君子之
上，和君子這個實體結合，這樣樹就不單單是植物學範疇的名詞了，它會

〔註49〕　《中國美術分類全集・中國繪畫全集・元代繪畫卷》，文物出版社、浙江人民
　　　　美術出版社，1997 年 11 月，該書收錄《六君子》一圖，圖中可見此題畫詩。
〔註50〕　同上。

在人們生活中，對人的生活產生巨大的影響。雖然，黃公望這樣的說法在今天看來並不是十分準確，但他運用了修辭學上「比德」的手法，也讓這段題跋變的合乎情理。

在中國古代，人們一直習慣將自然現象和人的現實品格以及精神品質向對應，用當時的觀點來看待一些特定的自然規律和現象。孔子的比德名句:「智者樂山，仁者樂水。」〔註51〕已經是流傳幾千年的佳句。除此之外，荀子也曾經說過:「芷蘭生於深林，非以無人而不芳。」〔註52〕我們不難看出，在大自然裏，某些花草樹木具有的一些習性可以看作是人的某種品德的對應物。比如被稱爲「歲寒三友」的松、竹、梅；有「四君子」之稱的梅、蘭、竹、菊。松樹正因爲具有不畏風雪的特性，往往人們會把它與君子的正直之意比德。由於倪瓚常年隱居於太湖山水之間，所以在他創作的作品中，山水和樹木是主要內容，而倪瓚也需要通過這些內容來表達其所想傾述的中心思想和精神。如若沒有黃公望的這首題畫詩，可能這幅作品會被我們簡單的認爲只是一幅寫生山水畫。但正因爲有了這首比德詩，此幅作品在精神層面上就上升了一個高度。在這裡，樹木被賦予了比德的思想。接著，我們再來看一下這六種樹木，都有著自己的樹語，也就是含義。而我們這裡要提及的松樹，在這個時代背景下，自然是一種品德的代表。這種品德是積極向上，是堅貞不渝的，是不可被動搖的。正如荊浩的《筆法記》裏，對松樹的描述:

> 松之生也，枉而不曲，遇如密如疏，匪青匪綠，從微自直，萌心不低，勢既獨高，枝低復偃。倒掛未墜於地，下分層似疊於林間，如君子之德風也。〔註53〕

松樹這個實體，在畫中就轉變成爲君子的化身。從某種角度來說，倪瓚運用繪畫這種形式對君子這個概念進行了新的闡釋，這種闡釋方法在當時是具有一定時代意義的，也是在當時特有的時代背景之下才會產生的。

松樹的特徵和意義，在人類的文化史上，不斷的發生著變化。人們在「松

〔註51〕 出自《論語 雍也篇》，劉宗志著《論語解讀》，貴州人民出版社，2009 年 7 月，第 89 頁。

〔註52〕 （戰國）荀況著《荀子全譯》之《荀子·宥坐》，貴州人民出版社，2009 年 3 月，第 436 頁。

〔註53〕 （五代）荊浩《筆法記》，出自出自何志明、潘運告編《唐五代畫論》，湖南美術出版社 1997 年 4 月，第 255 頁。

樹」的功能和含義的不斷延展中起到了至關重要的作用。在魏晉之前的繪畫中，繪畫裏的主體，主要人物或者描繪對象，承擔了象徵的含義和作用。當時的畫像石畫像磚中，時常出現東王公、西王母、伏羲女媧、靈芝、四神等靈異題材。他們的出現是因為人們覺得自身的能力不足，需要尋求宇宙或者外在的神力來補足這樣的缺陷。而隨著人類的不斷進步，人的形象開始受到重視，成為了繪畫的重要部分。此外，作為主體的人，也開始選擇性的挑選適合的題材。這個時候，植物開始成為比較重要的描繪對象。一些有象徵意義的植物，更是脫穎而出，松樹就是其中的一種。在元代繪畫中，松樹的文化意義在很多地方得到了拓展，比德功能更是在當時得到了全面的運用。一方面的原因是因為傳統的文化和哲學思想在中國歷史上的不斷進步；另外一個方面是因為宋元時期的繪畫追求「意境」和「逸氣」的相結合。這種比德思想在元末明初達到了一個高峰，當時的蒙古族對漢人的壓迫統治以及明初對文人的限制以及高壓政策都是推動比德思想迅速發展的關鍵。如果我們重新去仔細品味元代的畫家和詩人的一些作品，不難發現，很多作品都暗示了當時所發生的一切。比德，以樹比德，是一種實用主義的思想，這種思想滲透進了元代的繪畫，給元代的繪畫帶去了積極的影響。以樹來暗喻「君子」，讓「君子」這個詞在美術學範疇有了新的文化含義，這使得更多類似於倪瓚的畫家，他們的生活，他們的繪畫都具有了社會學和歷史學的研究價值。同時，在元代，繪畫也真正的融入了人們的生活，成為了生活的一部分，由於「比德」思想介入了繪畫的題材，從而促使這個時期的文人畫在很多方面有別於其他時期的文人畫題材。這個時期文人畫的中心思想是「隱逸」，松樹的題材就非常合適這樣的主題，哲學內涵和審美觀念一直通過這樣的繪畫形式來傳播給老百姓。這樣的方法能使繪畫更貼近生活，更貼近現實，也更能被大眾所接受。

3.14 張遜《雙鈎竹及松石圖卷》及其他

張遜，字仲敏，號溪雲，生卒年不詳，為元末畫家，平江（今江蘇）人。因面部鬍鬚興旺，故人稱「鬚張」。他博學善詩文，書法亦佳，但生活清苦。張遜善畫竹，在當時墨竹流行之時，卻好用雙鈎法畫竹，故而倪瓚稱他：「清苦何憂貧到骨，筆端時有古人風。」〔註54〕張遜畫竹用篆籀之法，頗有書卷

〔註54〕（元）倪瓚《清閟閣集》卷八《題張遜〈鈎勒竹〉》，見陳高華《元代畫家史料彙編》杭州出版社，2004年3月，第651頁。

氣，以見竹的「心虛」、「貞操」及「泠泠風骨」。〔註55〕他不僅以竹言志，而且還擅長畫松，倪瓚《題張遜〈鈎勒竹〉》有「霸松雪竹當時見，筆底猶存歲晏姿」，即可知其爲畫松高手。〔註56〕今北京故宮博物院存有張遜《雙鈎竹及松石圖卷》，爲我們欣賞他的松樹圖提供了寶貴的實物史料。

　　張遜《雙鈎竹及松石圖卷》（見圖56）畫坡石間數叢秀竹，迎風生姿，線條工整纖細，頗爲文雅；全圖中部繪一古松向右橫斜而出，枝幹虬曲搖曳，勢若飛龍向天，孔武有力。畫家以圓筆鈎皴，松樹主幹左右有龍鱗之皮，中間不作勾皴，以顯示樹幹的立體圓狀，且龍鱗有濃淡之韻，而在枝椏處添以暈染，更見立體轉折之勢；松針則以馬尾法爲之，筆筆挺秀，以見氣足神完的生趣。在這幅圖上引人注目的是老松的橫斜欹曲，既不類趙孟頫、唐棣的松樹圖那挺拔偉岸之姿，也不同於李士行松樹圖一波三折的盤曲逆長，而是橫生枝節，與圖上修長的叢竹不僅形成縱橫的對比，而且還形成了文野的不同，讓人更加領略到張遜筆下松樹的奇倔不凡。倪瓚曾稱張遜畫松竹有「歲晏姿」，即歲暮歲寒之姿，亦即凌寒不凋之姿，畫家以誇張的構圖，寫出了欲墜而不倒的造形，既形容了「歲晏」的危況，更反襯出松樹的頑強生長，彷彿宋人蘇軾《枯樹圖》，出人意表，以奇險破平正，豐富了元人畫松的形神內涵。

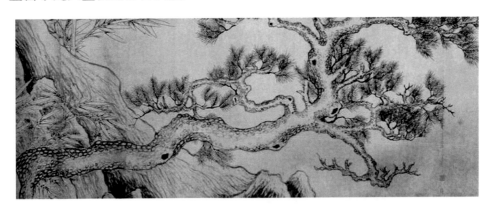

圖56：（元）張遜《雙鈎竹及松石圖卷》局部

〔註55〕（元）楊鐵崖《題張溪雲畫竹》、鄭祐元《寄張仲敏》、郭翼《次陳敬初見寄二首，兼懷張仲敏》，陳高華《元代畫家史料彙編》杭州出版社，2004 年 3 月，第 651～652 頁。

〔註56〕（元）倪瓚《清閟閣集》卷八《題張遜〈鈎勒竹〉》，見陳高華《元代畫家史料彙編》杭州出版社，2004 年 3 月，第 651 頁。

3.15　王蒙隱逸世界中的松樹圖

縱觀中國上下五千年，不難發現在歷史上，有許多文人墨客由於生處複雜社會背景之下，因此往往具有雙重人格的特徵。當官時，他們一心嚮往隱逸田園的自由生活；而眞的隱居時，卻又心繫官場。這種複雜的心理變化和雙重心態，也會反應在他們的繪畫作品中。王蒙（1308～1385）恰恰正是此類畫家的代表。他時而隱居於黃鶴山中，時而又混迹於官場之上。他的作品以繁體密筆的山水畫爲主，成爲元代當時文人畫作的主力軍。王蒙筆下畫作多爲表現隱居生活的山水畫，而這些山水畫題材中，自然會出現樹的身影，當然松樹也成爲了不少作品的主角。王蒙畫松樹的意趣又在何處呢？必然要從他的生平開始分析。

公元 1279 年，蒙古族滅南宋，建立元朝。當時元朝統治的新民族政策，對漢人，尤其是南方的漢人尤爲不公，這在論文前面部分已詳細介紹，在此不再一一贅述。這樣的社會背景之下，元代的文人都異常的苦悶迷惑，他們在無力反抗的情形之下，便消極處世，迴避現實，或將信仰寄託於宗教，或規避現實，隱逸於江湖，或遊迹於山水之中，或從事文學雜劇戲曲創作。而這個時代，中國的山水畫究竟應該如何發展，也是文人墨客們一直在思考的一個關鍵性問題。作爲當時書畫界領軍人物的趙孟頫，在他的書畫作品中提出了「復古」的繪畫思想，從而確立了元代繪畫藝術的審美標準。這個標準，不僅在書畫作品中執行，也蔓延於詩文、書法、篆刻等藝術創作中，可謂是元代藝術界的主旨思想。由於元朝的政治更叠複雜，生活環境特殊，再加之趙孟頫本身特殊的身份及生活經歷，因此復古之風日益盛行，且愈演愈烈。在這樣的背景之下，王蒙作爲元四家之一，脫穎而出。他作品中技法豐富，善用繁體密筆作畫，對元明清幾代畫家均有著深遠的影響。此外，王蒙又是趙孟頫的外孫，他和趙孟頫的這層關係，使得其更加推崇擁護趙孟頫的繪畫理念，並且身體力行，成爲元代異常傑出的山水畫家。

王蒙，字叔明，號黃鶴山樵，今浙江湖州人。他從小生長於書香門第，文人世家之中。擅長詩文繪畫，除外祖父趙孟頫是元代著名書畫家之外，他的幾個舅舅也是書畫家。從小耳濡目染，必定對他今後的繪畫有所影響。然而他的一生又是波折坎坷的一生。年輕是曾做過一些無名小官，由於元代社會的動蕩不安，因此曾舉家遷徙到黃鶴山附近，隱居了一段時間。雖然隱居於山野之間，但王蒙的內心卻依然對仕途生涯十分的嚮往，因此在明代洪武年間，王蒙再次出任泰安知州一職，任職期間，因爲胡惟庸一案而受牽連，

被捕入獄，後於洪武十八年病死於獄中。王蒙的一生似乎與元四家中的其他三位畫家並不相同。在爲官期間，由於受到農民起義以及蒙古統治者統治動蕩不安等影響，他覺得自己在仕途上險象環生，因此擔心害怕被捲入複雜的政治鬥爭中去，進而採取了迴避的方法，即卸官隱居山林。但是，隱居中那種寂寞難耐、清貧安逸的生活又讓他覺得無聊。因此，名利的誘惑使其重返官場。他的隱居生活，並不像吳鎮和倪瓚那麼安逸及堅定。因此，最終還是成爲了政治鬥爭的犧牲品。眞是可悲，可歎。如此複雜的思想鬥爭過程，必然會使得王蒙的山水畫風格也成爲元四大家中最複雜多變的一位。

　　王蒙的眾多書畫作品中，以他隱居題材的山水畫作品中出現松樹題材的頻率最高。雖然他並無太多以松爲題或是以松爲主題的山水畫作品，但在各種隱居題材作品中，或多或少有松樹的身影。主要代表作品有《春山讀書圖》（見圖 57）、《層巒蕭寺圖》（見圖 58）、《夏日山居圖》（見圖 59）、《溪山風雨圖》（見圖 60）、《葛稚川移居圖》（見圖 61）等作品。此外還有他與倪瓚合作的《松下獨坐圖》（見圖 62）。《春山讀書圖》、《層巒蕭寺圖》、《夏日山居圖》這幾幅作品中，松樹都佔據著畫面前景的主要位置。松樹的枝幹輪廓線和樹鱗的質感表現，所用的墨色幾乎相同。遒勁有力的老松之後背景處加以各種雜樹，凸顯松樹的蒼老空靈之感。樹枝、樹杆首用皴法，皴後在復以墨色，凸顯松樹的古韻。由於是隱居題材，因此在松樹與雜石之間偶而露出房子和一些活動的人來，使得畫面變得輕鬆而空靈，給人更多聯想的空間。而在《層巒蕭寺圖》中，以松樹爲近景，而高山爲遠景，更加凸顯了寺廟隱藏在古松山林之中的神秘及滄桑感。在《松山書屋圖》（見圖 63）、《葛稚川移居圖》、《松下獨坐圖》中，松樹和人物山水畫相結合。由於松樹有高逸蒼老之用意，因此將讀書人或隱士置於松林之中，也代表了當時王蒙隱居時追求淡泊寧靜的心態，希望自己猶如老松一般「當軒不是憐蒼翠，只要人知耐歲寒」，能耐得住隱居的寂寞和清苦。再者，松樹的枝幹彎曲，如虬龍一般，感覺是如王蒙自己一般「乾坤容得樹喬喬，怪底傴僂好折腰」。由於當時的政治複雜，因此才不得不折腰屈服，隱居於山林之中，他亦希望自己有朝一日能「蠖屈奚能消噎氣，濤聲怒吼海山潮」。重新踏上仕途，幹出一番事業。松樹能屈能伸，既能成爲「旁人不識歲寒松，憐殺深山大雪封」將自己隱於世中，又能「蒼龍怒欲凌霄去，一種縱橫勢更雄」。這種精神力量，正是王蒙所尋找與追求的，將此種境界賦予圖中所繪的松樹之上，更好的借松喻人，表達出王蒙的精神寄託與目標。

圖 57：（元）王蒙　　　圖 58：（元）王蒙　　　圖 59：（元）王蒙
　《春山讀書圖》　　　　《層巒蕭寺圖》　　　　《夏日山居圖》

圖 61（元）王蒙《葛稚川移居圖》

圖 62：（元）王蒙 倪瓚《松下獨坐圖》　　　圖 63：（元）王蒙《松山讀書圖》

　　而之前提到的元四家中的倪瓚，也和王蒙長期有著深交，兩個人經常在一起切磋詩文書畫，促膝談心，借畫抒情。在倪瓚和王蒙的不少文章中，都記載了他們之間的交往，流露出兩個人當時深厚的友誼之情。當時王蒙曾經爲倪瓚繪製過一張名爲《松石望山圖》的作品。1361 年，倪瓚根據這幅作品又繪製了一幅同名的作品來用於贈送給友人。在這幅作品中，倪瓚曾提過這樣一首五言律詩：

　　　　獨坐古松下，蕭條遺世心。青山列屏障，流水奏鳴琴。

　　　　安得忘機士，與我息煩襟。幽情寄毫楮，髣然聞足音。〔註57〕

倪瓚的隱逸之心，在此段五言律詩中表現的明顯而又自然，古松自然成爲隱

───────────────────

〔註57〕（清）卞永譽《式古堂書畫彙考》，浙江人民美術出版社，2012 年 6 月，此書中有對倪瓚王蒙互用詩文應和的記載。

居者畫面中心儀的表現對象。而王蒙在見到此畫時，除了在畫面上加了一些筆墨點染之外，也題詩一首，來呼應此詩：

　　　　蒼崖積空翠，怡我曠古心。飛泉落深谷，泠泠彈玉琴。

　　　　塵消群蘙豁，松雪灑閒襟。清謠天籟發，如聆正如音。〔註58〕

此時的松樹，又在詩意中演化成一種開闊胸襟的化身，即使身處亂世之中，也照常可以隱逸山林。至此，整幅作品的境界在古松的襯托之下，高邁清逸。

3.16 元代其他畫家筆下松樹圖題畫詩

　　以上幾位元代畫家筆下的松樹作品可謂是元文人繪製松樹圖中的上乘之作。然而因為元代歷經各種戰亂，繪畫作品也必定隨著動盪不安的局面而顛沛流離，更有多位畫家的松樹作品至今已不知所蹤，只能從《元代畫家史料彙編》中的題畫詩中窺見一二，現也記錄如下。

1、柯九思（公元 1290～1343）

柯丹丘某畫松竹二首

丹丘寫松臨石湖，一樹偃蹇一樹枯。

長年偃蹇色深黛，枯者鐵石宛相待。

令人最憶寒山子，曾見松生此山裏。

時來石上自閒吟，解聽天風半空起。

江心石上起煙霧，隨意琅玕寫無數。

就中欲覓釣魚竿，濯足滄浪歲月暮。〔註59〕

《元詩選二集・素履齋稿》

2、張舜咨（生卒年未詳）

招張師夔畫《古柏》

張君善畫古松柏，為我拂壁成孤株。

更研墨汁放奇幹，忽然跨馬不受呼。

昂藏特立孰與俱，蒼髯紫甲何蕭疏。

儼如猛士怒髮衝冠起，又如神蛟挈雨獨傲風雷驅。

安得蒼皮黛色三千丈，氣勢兩高霄漢上，

〔註58〕（清）卞永譽《式古堂書畫彙考》，浙江人民美術出版社，2012 年 6 月，此書中有對倪瓚王蒙互用詩文應和的記載。

〔註59〕陳高華編著《元代畫家史料彙編》，杭州出版社，2004 年 3 月，第 334 頁。

脆蘩薄篠何足觀，歲晚江空屹相向。
張君張君來不來，綺疏寶幄休徘徊。
青浮天目雲雨暗，樂意豈復誇陽臺。
山靈戒勿勒駕迴，我當爲君掃莓苔。〔註60〕

《雲林集》卷六

題柯允中所藏張師夔《雲山檜石》

天風吹山雲滿地，絕壑層巒結蒼翠。
倚空雙檜蒼龍蟠，迸石流泉羣玉碎。
礫山張公筆力遒，文采復見柯丹丘。
登樓看畫歲將暮，藤蘿繞樹風颼颼。
建州別駕稱人傑，風骨棱棱如檜石。
長材豈肯混荊榛，爲君題詩三歎息。〔註61〕

《樗庵類稿》卷二

3、張彥輔（生卒年未詳）

金華方道存鍊師以張彥輔所畫《雲松圖》索題，就和卷中張仲舉詩韻

金華有羽士，口受道茲山中。
據松拂朱絲，口西雲飛雲龍。
手招皇仙人，排空下琳宮。
白羊忽起立，萬壑生靈風。〔註62〕

《玉山璞稿·至正甲午》

4、羅稚川（公元 1272～1348）

羅若川畫松

暮春多雨畫冥冥，羅生畫松當素屏。
老蛟化爲劍氣黑，白鶴下啄苔痕青。
傳來日暮自篝火，夢入幽岩尋茯苓。
不遇胡僧露雙腳，石函自了讀殘經。〔註63〕

《虞伯生詩續編》卷中

〔註60〕陳高華編著《元代畫家史料彙編》，杭州出版社，2004 年 3 月，第 397 頁。
〔註61〕同上書，第 407 頁。
〔註62〕同上書，第 442 頁。
〔註63〕同上書，第 533 頁。

5、邊武（生卒年未詳）

題邊武畫《蒼松圖》　柯九思

疏竹搖秋雨，蒼松凝晚煙；

王孫歸未得，誰復效春妍。〔註64〕

《草堂雅集》卷一

題邊伯京畫《盤松圖》　熊夢祥

居震宮，受秦封。乘元氣，超穹窿。

又何獨羨夫梁棟之質，莫測神奇變化之功。

夫然後知其為松龍。〔註65〕

《草堂雅集》卷八

6、方從義（公元1302～1393）

方壺畫山水歌

方壺之山在海中，世人欲見知無從。

壺中仙人閱昏濁，彩筆手開三五峰。

亭亭兩個老松樹，萬壑千崖閱今古。

憶昔長從王子喬，坐聽松風最高處。

世人畫山非不多，不識真人奈若何。

君看崑崙上丹穴，芝泉玉樹森婆娑。

東望方壺應不遠，飛度九州如過電。

便從海上問金公，莫待浮杯水清淺。〔註66〕

《道園學古錄》卷二十八

方壺仙人《山水圖》，次虞翁生韻

廿載與別青城翁，邇聞壺子忻相從。倒披鹿裘躡芒屬，長揖門前華蓋峰。手提障子雙松樹，彷彿韋侯筆記古。八分為寫山水歌，翁真曾到方壺處。方壺出雲雲更多，意中摸索如翁何。杳冥獨見小員闕，宮殿層層如馺娑。恐似幽經累王遠，日中不取驚雷電。方丈西山水際九千丈，歸來真怪瀛洲淺。〔註67〕

《貞居先生詩集》卷三

〔註64〕陳高華編著《元代畫家史料彙編》，杭州出版社，2004年3月，第656頁。

〔註65〕同上書，第656頁。

〔註66〕同上書，第718頁。

〔註67〕同上書，第721頁。

題方方壺《遙山古木圖》，爲桂元芳賦

千年老蛟方蛻骨，蹇偃長身擘崖出。
山樵熟視不敢近，似有雷霆護神物。
仙人來自方壺山，何以寫此留人間。
樛枝風動鐵交屈，蒼皮雨溜苔斕斒。
蕹溪先生讀書處，對面高標起煙霧。
會將用汝作靈槎，八月因之天上去。〔註68〕

《居竹軒詩集》卷一

兵部危太樸郎中家於臨川雲林山上，請方方壺作《雲林圖》，太樸索詩，
賦此

宇宙有此云林山，三十六峰如髻鬟。
雲林先生讀書處，長松芝草非人間。
白雲裁衣亦自足，青精製飯何曾慳。
朝光空濛起舒眺，人迹迥絕窮躋攀。
青天蕩蕩海月出，照見先生冰雪顏。
惟有方壺契幽眇，貌得彷彿來塵寰。
宮中聖人正問道，布衣召入蓬萊班。
玉堂給箚縱揮灑，金匱啓鑰煩修刪。
於今聽履上霄漢，聖人未放先生還。
山中喪亂復何有，飛瀑落澗空潺湲。
青林鳥啼野花發，白晝虎嘯松風閒。
朝廷宴坐見圖畫，亦應懷我雙佩環。
方壺先生在何處？何不同來玉京住。
魚龍夜落河漢秋，卻泛靈槎共歸去。〔註69〕

《居竹軒詩集》卷一

方方壺《松岩蕭寺圖》　鄧文原
雨過鷓鴣啼歇，日斜猿兒聲高。
湖上長煙漠漠，山中古寺迢迢。

〔註68〕陳高華編著，《元代畫家史料彙編》，杭州出版社，2004年3月，第722頁。
〔註69〕同上書，第722頁。

人立東皋清眺，帆歸西浦寒潮。〔註70〕

《元詩選二集　素履齋稿》

方壺《松岩蕭寺》　吳鎮

方壺終日痼煙霞，寫得湖山事事佳。

湖上煙籠梵王宅，山深雲覆羽人家。

詩翁佇立搜新句，稚子閒來掃落花，

幾處歸帆何處客，一聲啼鳥夕陽斜。〔註71〕

《元詩選二集梅花庵稿》

方方壺《松岩蕭寺圖》並序　黃公望

方壺此卷，高曠清遠，可謂深入荊、關之堂奧矣，鄙句何足以述之，愧愧！

浩渺滄江數千里，幾幅蒲帆掛秋水；

曉風吹斷綠羅煙。百疊青峰望中起，

虞山勝格倚雲開，七級浮屠倒影來。

山人久已謝朝市，日居江興百尺臺。

松篁叢雜多啼鳥，隔岸人家丸彈小。

此圖此景入天機，誰能彷彿方壺老。〔註72〕

《元詩選二集　大癡道人集》

7、柏子庭（公元 1282～1354）

柏子庭畫《松障》歌

高堂誰畫青松障，越柏下筆開殊狀；

小枝交錯鐵不如，大枝森竦劍相向。

筆驅元氣天為泣，龍擘海水神俱王。

滄江風雨六月來，白日雷霆九天上。

想當飛墨縱揮應，灑遣酣歌助悲壯。

於時畫者亦有人，柏也用意實豪放。

猶憶海虞山裏時，往往見我索題詩。

豪縑到手不暇擇，爛漫圖寫寧復辭。

〔註70〕陳高華編著，《元代畫家史料彙編》，杭州出版社，2004 年 3 月，第 747 頁。

〔註71〕同上書，第 747 頁。

〔註72〕同上書，第 759 頁。

只今風流已冥寞，使我見之增歡愕。

況當木落秋氣悲，撫事哀吟忽如昨。

烏乎！柏兮那復見，蕭瑟淒風動寥廓。

應有松子僧前落。〔註73〕

《谷響集》

子庭《松柏》

越柏畫松松露骨，老龍怒拔靈湫立；

天地一夜飛霹靂，月落庭空影千尺。〔註74〕

《谷響集》

8、盛懋（生卒年未詳）

題王維賢所藏盛子昭畫《雙松繫舟圖》

雲門寺前風物幽，布襪青鞋吾昔遊；

葫蘆盛酒待明月，舴艋載琴當上流。

長松並立幾千尺，狂客一別三十秋。

何當掛席過湖去，東望草堂姑少留。〔註75〕

《居竹軒詩集》卷二

松月寮記

去秀之西門外卅里所其聚爲市，公子仲溫氏之世居焉。居有前後邸第，義莊塾以教養里之才子弟。仲溫自幼從師學明經，既通《尚書》，後學《易》，又從余學《春秋》。兩充鄉試，連不售，又丁時變，遂去道士冠裳，尋山澤間，欲挈妻子爲鹿門之奉。事未遂，則闢寮一所，植松數章，高秀蒼古，若深山木客之出在市鏖，仲溫與之俯仰嘯詠者若友焉。天清氣明，月在松岑，仲溫彈獨弦琴松下，琴餘讀道書作遊仙吟，不知身世在黃鏖市、在白玉宮闕也。遂以松月道人自號。雲間盛懋氏既爲圖之，而又寄自作《松月詩》一解於余，徵文以爲記。……至正十三年七月七日寮諸叟記。〔註76〕

《東維子文集》卷十六

〔註73〕陳高華編著《元代畫家史料彙編》，杭州出版社，2004年3月，第759頁。

〔註74〕同上書，第759頁。

〔註75〕同上書，第774頁。

〔註76〕同上書，第776頁。

題盛子昭畫

空山絕壑懸崖高，一塢白雲如海濤；

幽人抱琴無路入，松風落耳聲蕭騷。〔註77〕

《臨安集》卷二

9、王淵（生卒年未詳）

題王若水畫《松石高人圖》

盤松如龍石如虎，旁有高人鬒髮古。

千年海上憶安期，一日山中見巢父。

龍變乘雲虎可騎，四海逍遙隨所之。

桃花源裏有路到，莫遣時人先得知。〔註78〕

《劉樗翁詩選》卷四

10、簡天碧（生卒年未詳）

題簡生畫澗松

簡生與我皆蜀人，留滯東南凡幾春。

每拂齊紈作山水，使我感慨懷峨岷。

如此長身兩松樹，滿谷悲風散陰霧。

雌雄如劍變為龍，鱗鬣齊成擘崖去。

秘閣嘗觀韋偃圖，蒼潤雄深世所無。

默識形神出模畫，把筆莽蒼增嗟籲。

玉堂寶書本同館，官府既分難復見。

摩挲新墨慰衰朽，鬢雪飄蕭數開卷。

昔我樵牧青城山，坐起政在雙樹間。

當時簡生若相見，應並寫此聽潺湲。

劉郎集賢好賓客，好著幽窗對晴碧。

凌雲為我哦七言，有鶴飛來破秋色。〔註79〕

簡天碧《山水》

千仞青山裏，和衣坐石苔。

看雲為雨去，聽水共風來。

春盡揚雄老，秋清宋玉哀。

〔註77〕陳高華編著《元代畫家史料彙編》，杭州出版社，2004年3月，第777頁。

〔註78〕同上書，第780頁。

〔註79〕同上書，第807頁。

故園誰賦得，空對畫圖開。

雲氣連山動，松聲隔雨寒。

抱琴穿竹逕，留棹倚江干。

夕照歸神女，春陰帶錦官。

此生舊同里，偏解寫潺湲。〔註80〕

《虞伯生詩續編》卷下

題香室僧所藏簡天碧《松檜圖》

孤松直立苔滿身，皮骨老作蒼龍鱗。

墨池得水怒穿壁，屋上垂髯寒近人。

旁有雙檜左紋皺，短蛟下蹲不敢伸。

神靈變化或有日，雷電時時撼香室。〔註81〕

《傅與礪詩文集》卷三

11、陳貞

題履元陳君《萬松圖》

紫芝道人天思精，南來新畫青松障。

東家畫水西家山，積棄陳縑忽如忘。

突然槎牙生肺肝，元氣淋漓迫神王。

亟呼圓瓦倒墨汁，盡寫髯官立成仗。

群爭十丈百丈身，氣敵千人萬人將。

交柯玉鎖混鱗甲，屈鐵金繩殊骨相。

石門雷霆白日傾，雨走蛟龍青天上。

前身要是僧釋仁，五百蜿蜒見情狀。

天台老林亦畫松，三株五株成冗長。

我家東越大松崗，五鬣蒼蒼鬱相望。

門前兩個赤婆娑，上有玄禽語相向。

雕龍梓客朝取材，伏虎將軍夜偷餉。

安得射洪好絹百尺強，令泫陰森移疊嶂。

鼓以軒轅之瑟五十弦，共寫江聲入悲壯。〔註82〕

《鐵崖詩集》辛卷顧園

〔註80〕陳高華編著《元代畫家史料彙編》，杭州出版社，2004年3月，第807頁。

〔註81〕同上書，第808頁。

〔註82〕同上書，第852頁。

12、顧園

題云屋山人《大松圖》歌

吾聞丹山松一株，盤根錯節鐵不如。

萬牛相送美材盡，獨似偃蹇留仙都。

松根燒丹學仙者，仙成已去千載餘。

夜夜丹光到今出，泰山徒誇秦大夫。

誰能畫此古松圖，中吳高士身姓顧。

張燈驚起潭底龍，揮毫墮落月中兔。

聲名世重定無虛，人物天生真有數。

精靈邂逅宇宙間，唯有造化知其故。

我夢羽人在丹臺，飄搖綠發春風回。

半年高士不相見，招我看畫山中來。

古松在眼為再拜，重是抑塞之奇材。

一時作歌強衰朽，千古少陵安在哉。〔註83〕

《庸庵集》卷二

題顧山人畫《古松》歌

能畫古松天下少，昔有畢韋今顧老。

顧老作畫書法同，或變真書作行草。

硬黃古紙一丈餘，落筆古松隨一掃。

糾纏黑白成文章，恍惚陰陽割昏曉。

半年作客羅壁山，但畫江山極幽渺。

亂葉點點晉書圓，直樹行行秦篆小。

有人請畫松一株，草書張顛合驚倒。

一株兩株八九株，變怪無窮出天造。

愧我題詩勞寸心，數日一篇方脫稿。

何如顧老畫古松，遊戲草書書法好。〔註84〕

《庸庵集》卷二

為陳山人題顧雲屋《大松圖》

顧侯秀異天所種，胸中有此千尺松。

〔註83〕陳高華編著《元代畫家史料彙編》，杭州出版社，2004年3月，第857頁。

〔註84〕同上書，第859頁。

深山大澤久藏器，層水積雪當嚴冬。

羽化登仙巢老鶴，樓居閱世對亢龍。

小山桂樹何年種，浪爾獨立青芙蓉。〔註85〕

《庸庵集》卷七

爲方出翁題顧雲屋《大松圖》

去年寫松小山下，今年寫松羅壁中。

千尋奇材拔厚地，兩度苦吟愁老翁。

羽蓋青天落冰雪，龍門白日起雷風。

虎頭筆力今重見，神妙能分造化功。〔註86〕

《庸庵集》卷七

顧山人畫

高峰特立翠芙蓉，疊嶂飛來宛似龍。

雲度雙關疑有約，水流千磵總相從。

秋林谷口安亭館，曉寺岩阿響鼓鐘。

老去可堪城郭住，關心草閣旁青松。〔註87〕

《庸庵集》卷七

　　上述詩歌中，松樹的象徵意義顯露無疑，詩人們借畫家筆下的松樹，喻之爲奇才，具有棱棱風骨，昂威特立，氣吞霄漢，畫家們畫松樹，藉以讚美崇高的自由思想、獨立精神，比喻堅貞、長壽的意境，反映了在民族矛盾尖銳的情況下人們地追求。詩言志、畫亦言志，元人的松樹圖以畫寫心，具有較深的文化內涵。如果說「安史之亂」的杜詩反映了唐代社會的眞實面貌，反映了民間疾苦，是「史詩」；那麼可以毫不誇張地說，元代的松樹圖，寫出了畫家在亂世之中堅貞不屈、追求自由，寫出了時代的精神，是「史畫」。

〔註85〕陳高華編著《元代畫家史料彙編》，杭州出版社，2004年3月，第859頁。

〔註86〕同上書，第860頁。

〔註87〕同上書，第860頁。

第四章　元人畫松繁榮的社會原因及藝術特色

4.1　元代畫家的藝術政治環境

4.1.1　民族問題

元代是一個複雜又充滿矛盾的時代，雖然只有短短不足百年的統治時期，但卻是中國歷史上第一個由少數民族正式執掌政權的封建統一王朝，同時我們也看到這個以畜牧業為主的少數民族，生產力水平和經濟水平在當時都相對落後。在這樣的條件下，漢族文化和蒙古族文化的互相融合必然不是那麼容易完成的。蒙古貴族也發現，如果在內陸地區沿用他們自己的草原文化和各種政策，明顯不被老百姓所接納。因此，當時的統治制度必定會成為一個民族對另一個民族的壓迫，蒙古族改變了漢族的各種政治制度，甚至不惜使用殘暴的手段來鎮壓人民。元代的統治政策在今天看來可謂是粗暴而簡陋的，各種法令也不健全，但卻在等級制度上表現得極為森嚴。宋朝宣告滅亡的同時，忽必烈為了本民族的利益，將當時的民族分為四個等級：蒙古人、色目人、北方漢人及南人（南方的漢人）。這四個等級之間，在各個方面都有著明顯的差別，待遇也不一樣。最底層的南人和漢人成為當時社會中的下等民族，各種的限制和禁止使得他們生活得苦不堪言，非但如此，他們在社會上也鮮有立足之地。元代初年，廢除了科舉制度，知識分子入仕困難重重，南人入仕更是難上加難。首先，你應該屬於四個等級中的前兩等，如果不幸是漢人的話，那南方的漢人能做上官的則少之又少，萬中無一二人。很多元

代重要官員職位，多由蒙古貴族或色目人來擔任。漢人中，即使能入仕，也只能充當一些州縣的普通官員，這還必須出身世家或者官吏。元代廢除科舉制度長達 41 年之久，這讓長期適應了中國科舉制度的士人們一下子失去了晉升的階梯，無所依靠。在這段時期，大批儒生頓時沒了目標和方向，心懷怨恨又無處可說。這些原因都讓他們對元朝的統治表現出強烈地反抗和不滿，這其中以南宋遺民尤甚。一系列不安的因素更加深了民族間的積怨。與此同時，當時元代官場也極爲混亂，很多官吏腐敗無能，加上戰亂連年，天災人禍，老百姓生活在水生火熱之中，更是構成了元代文人心中的不滿和苦悶。南方漢人在入仕無門的情況下，爲了塡補精神的空虛，將注意力轉向文學和藝術方面。當時中國的南方地區，因爲在經濟方面相對於北方地區較發達，又沒有經歷過太大的戰爭破壞，故而仍然是全國的經濟中心，富庶之區。生活在南方的文化人於是借著南宋留下來的經濟上的優勢，在文化上不斷有所建樹，在宋院體畫的基礎上發展了當時流行的文人寫意畫，這樣的畫風漸漸風行於中國南部，進而慢慢的成爲整個元代繪畫的主流。此種繪畫風格使得元代繪畫從內容到形式都出現了一次重大的改革創新，可謂是中國繪畫史上的一個轉折點。

4.1.2 元代文人以畫為寄

文人是中國古代歷史社會中不同與其他社會階級的一個特有的階層群體，文人中不少人憂國憂民，被視爲「士」，所以也有人稱文人爲「士大夫」或者「士夫」以及「士人」。從歷史的角度推溯上去，「士」這樣一個獨特的階層開始於春秋戰國時期。那麼，在春秋戰國之前，類似於文人士大夫之類有知識文化的人又是如何稱呼他們的呢？春秋之前，對這些人有「巫」、「史」這樣的稱呼，而「士」這個稱呼也是對知識分子的別稱，只不過這一類知識分子卻不一定獲得貴族的身份和地位。春秋末年始，知識分子的行列日益壯大，處於社會下層的平民階層也出現了越來越多受過教育的人群，這些人逐漸加入到了「士」的隊伍中來。他們中有的人甚至還進入了當時的政治權利機構，也有些人獨立於當時的社會，自命清高，這些人有一個共同的特點，即使在當時，他們中的大部分不一定擁有上層統治者的權利，也沒有參政議政的資格，但卻有著廣博的文化知識，屬於知識分子的階層。這個過程也是最初的「士」轉變爲眞正的在野「文人」的過程，這也意味著，這些知識分子在當時的社會與政治層面是相對獨立的。這樣的轉變過程也不是一蹴而就

的，而是經歷了一個漫長的歷史時期的轉變而形成的。魏晉時期有所萌芽，到了宋元時期，士人的隊伍日益擴大。

　　雖然緊接元代之後的是由另一個綿長的漢人政權所接替的王朝，但對當時的中國人來說，元代這段不長的時期，老百姓卻經歷了生靈塗炭、經濟蕭條的苦痛，知識分子尤其是南方的知識分子身心都遭受了巨大的創傷，他們由於精神上的壓抑苦悶，痛苦不堪，導致了越來越多的知識分子開始投身於書畫藝術的創作之中。這個時期，出現了一些不同於前朝的發展，民族矛盾的尖銳卻導致了藝術領域的朝氣蓬勃，繪畫、戲曲、書法方面都呈現出異彩紛呈的局面。文人士大夫希望通過這些領域排遣心中的抑鬱之情，發泄自己內心的不滿，找到心理平衡的支點。與此同時，由於蒙古貴族的統治，中國長達千百年來所被認同並遵循的儒家思想也在這一時期開始遭到質疑，對中國在思想方面的統治較前朝出現了較大的鬆動。於是，雖然在政治仕途上遭到禁錮，在思想界卻出現了相對寬鬆自由的現象。在宮廷中，廢除了宋代所推崇的畫院制度，宮廷畫家和職業畫家雄霸一時的局面故難以再繼續，這樣一來，一直制約著文人畫家的繪畫標準在某種意義上不復存在，繪畫中心也開始南移，打破了原本一直以政治中心所在地為據點的約定俗成，這樣的現象使得中國繪畫史上出現了一場空前的變革。在中國東南一帶，這裡遠離政治，物力雄厚，而南人低劣的地位又致使眾多文人無法發泄自己心中的悲憤之情，移情於畫便成為當時的一種風氣。這種風氣推動了整個元代繪畫從皇室貴族的審美趣味開始向世俗及文人趣味轉變，而這種轉變也成為元代繪畫的主流意識。元代的文人繪畫中，畫家多喜表現逸氣，這裡的逸氣和做人的清高或者說是高逸應該是相同的。清逸、高逸在當時變得尤為可貴。一方面蒙古族入主中原，另一方面這些文化人不能抱有幻想去依靠迂腐的南宋王朝，因此他們美好的理想與追求逐一變成了泡影。在這樣的情況下，他們既不強求自己取悅與當朝者，不為別人的奴隸，不參政議政，也不與新政合作，同流合污。元代文人畫家淡漠寧靜，清心寡欲，充分利用繪畫來表現自我人格的釋放，注重自己的人生價值和尊嚴的體現。當時的江南文人，處在元代特有的壓抑政治氛圍之中，由於長期在精神上和心靈上都受到壓抑和束縛，因此進取無門的他們充滿了厭世及消極的思想情緒，由於此種情緒的不斷滋生蔓延，於是他們改變志向，寄情於書畫、於山水樹木之間，在繪畫中舒展和發泄自己的情緒，適應嚴峻的政治形勢，求得自我的安慰，並以此來延續

中原傳統的優秀文化，弘揚可能被異化或取代的文脈，求得精神上的勝利。這種歸隱於繪畫的情緒或顯或隱的存在於元代文人之中，以至於在當時的社會中形成了一股盛行的風氣。

其實，作爲文人藝術家，他們也一直在考慮一個問題：究竟繪畫應該被視爲是一門技藝亦或應該算是一門可以獲利的行業。有的畫家作畫只送給喜歡的人，爲的就是避免沾染上商業氣息。在元代，文人畫家大多擁有自己的交友圈子，他們不單單是畫家，也是鑒賞家、收藏家，集多種身份於一身。他們的繪畫風格與宋以來的職業畫家有著明顯的不同，看似簡單質樸，其實暗藏玄機。他們的作品，往往以水墨爲主，排斥濃墨重彩的工匠習氣，偶而也會施以淡彩。這些作品無論技藝高低，有著一個共通性，即避開世俗，只呈現自己內心的世界，對外在事物的眞實性不做要求。這樣的作品不是大眾的，也沒有什麼特別強大的說服力，他們滿足於聊以自娛。如果說強大的宋王朝將中國的繪畫風格史無前例的推向了寫實的話，那在幾百年之後的元代，文人的作品又漸漸偏離了這條主線，甚至有的時候他們是刻意的「不求形似」。此時，這些「不求形似」的作品需要立足，那麼這個時代的文人繪畫理論當然也起了推波助瀾的作用。民族問題、時代氛圍兩方面的互相配合，造就了元代文人畫高潮叠起的局面。

4.1.3 元代宗教三教並興

雖然元代統治者對漢區老百姓實行的是苛政，但在宗教信仰上卻採取了比較寬鬆自由的政策。成吉思汗一度曾極爲重視道教，並在當時給予道家特殊的身份和地位。因此，道教在元代出現了繁榮局面，隨之而來的是道家思想的盛行。道家思想強調的是「無爲」，無爲不是無所爲，而是不逆天而爲之。除此之外，道家推崇的清心寡欲、順其自然、寧靜淡泊的思想境界既爲道家的精神所在也可以說是爲人處世的一種態度。這種生活態度和理念在當時的亂世，必定會成爲人們的精神寄託。莊子的《逍遙遊》中云：

> 吸風飲露，乘雲氣，御飛龍，而遊乎四海之外 [註1]

這種無欲無求，與世無爭，清靜無爲的生活正是當時人們所缺少的，也是當時人們想要追求的。道家思想認爲，人應該無欲無求，所有的紛爭都源於人的欲望，有了欲望就會有求，當然也會有矛盾。而在民族歧視嚴重，殘

〔註1〕莊子《逍遙遊》，見郭慶藩撰《莊子集釋義》，中華書局，006 年，第 57 頁。

暴統治之下的元代，這樣的思想自然成為當時文人逃避世俗的一種寄託和追求，於是他們紛紛開始遠離政治，回歸自然，寄情於山水，隱逸之風開始盛行。「行到水窮處，坐看雲起時」，「醉後揮毫寫山色，嵐霏雲氣淡無痕」這就是當時文人畫家的真實生活寫照。這些畫家隱逸於山林之中，除了放鬆身心之外，也以道家思想為精神寄託，在人生不得意之時，借筆墨來抒發心中的鬱悶。他們寄情於山水，以靜制動，追求淡泊寧靜的心態。而身為藝術家，除了體驗自然之外，更加是於心境上對自然界有了新的頓悟。啟發靈感，心情愉悅的同時還要滿足創作的快感。所謂的「澄懷觀道」大致即是如此吧。拋開世上的紛擾和顧慮，全身心投入創作，進入忘我的藝術境界，藝術思想與道家莊子思想合二為一。

4.2 元代畫家的政治取向

縱觀元代畫家，大致可以分為以下幾類：

第一類、遺民畫家

這類畫家以鄭思肖、龔開為代表。在蒙古人奪取了皇權之後，雖然宋代後裔心有不甘，但蒙古族強大的專治統治使得那些抗元運動顯得如此的單薄無力，在中國的歷史上，元朝統治雖然過於專制，但卻不可否認促成了中國各民族的融合統一。宋代的大一統只局限於中原地區，但是元朝的建立，結束了整個中國地區（包括少數民族地區）分裂的局面，真正意義上完成了中國的大一統。這點無疑為整個中國多民族國家的形成作出了卓越的貢獻。但是作為一個草原上的民族，在中原地區，在漢人聚居地，照搬草原上的統治方式，顯然是行不通的，漢族和蒙古族之間存在著異常懸殊的差異，這些差異存在於生活、文化、經濟等各個方面。為了鞏固自己的統治地位，元代統治者只能採用野蠻暴力的手段來治理國家，但是這些方法明顯遭到老百姓的強烈反抗。因而在元代初期，出現了這樣一批人士，他們或為前朝（宋代）的皇室後裔，或者在宋代曾經為官，我們暫把這些人稱為是「遺民」。所謂遺民，即是在兩個朝代更替之際，忠貞於自己的朝代而不恥於事新朝者。這樣的人在新的朝代，往往包括兩類人群：一類是在舊朝身居高官，而到了新朝不為重用，碌碌無為，因此暗自神傷者；另一類人群，在故朝本就無官無職，而到了新朝仍然不為當時的名利所誘惑，學習伯夷、叔齊，寧死首陽山中而不食周粟。而要成為一個遺民畫家，也應該具備以下幾個特點：首先，應該

在前朝就具備比較深的文化修養和基礎，而且應該是文人士大夫階層或者是職業畫家；其次，他們在前朝有著比較富足的生活，或是有著盡忠報國的思想意識，或拿著前朝的俸祿，在仕途及財富方面比較滿足；最後，他們一定非常思念故國，但卻不會因此採取過激的行爲，往往會通過比較隱晦的方式來表達自己的感情，拒絕明顯的抗爭。這些遺民，作爲皇室後裔者則身懷「亡國之痛」，而曾經爲官者又覺得自己現在的處境是「懷才不遇」。這些人拒絕臣服於蒙古人的統治，尤其是生活在江南地區的遺民們，他們紛紛沉浸在無限的憂愁和傷感之中。這些遺民在元代，往往離開喧囂紛擾的俗世，隱身而居，他們中有的人開始將精神寄託於宗教思想，從中尋找慰藉。有的會時常聚在一起，飲酒賦詩，以此抒發思念故國之情。因爲這些遺民處於弱勢，不可能採用強硬的手段來抵抗元朝的統治，所以他們也會採取一些象徵性的行爲，比如在生活中都刻意的避免坐臥朝北（因爲北方是元朝首都的方向）。當然也不排除用書畫來寄託自己感情的方法。不管這種以畫寄情的方法是有心的亦或是無奈的，但卻是當時大多數遺民畫家不約而同的選擇。「畫爲心聲」，將自己的思想感情，文化修養和人格精神一一融入到繪畫作品中，從繪畫中追求現實生活中缺少的寧靜而致遠的心境。

宋王朝的結束，大批的遺民畫家流落於江南地區，他們沉浸在無限的對故國的追思之中，同時也痛定思痛，分析亡國的緣由，這樣的氛圍一度影響到了一批畫家的創作，比如龔開、鄭思肖等人。從他們的詩文中能看出對故國的留戀。更多的畫家則開始用詩書畫來表達自己的氣節和堅貞的意志，他們同仇敵愾、不願仕元，忠於宋朝。這些畫家筆下的無根蘭、折枝竹、不老松，都是富有深遠含義的作品。甚至可以說，元代初期，有部分遺民畫家出現了變態的心理，而這樣的心理是因爲當時的社會原因和文化氛圍不協調而造成的，這種失衡的關係不停的刺激著他們的感官和神經。統治中國幾千年的儒家文化不再佔有主導地位，內心的不平衡，生活上、心理上的無法適從，都是導致他們心理出現問題的原因。與此同時，他們中的大部分人也成爲了元代繪畫史上舉足輕重的領軍人物。

第二類、仕途受挫的失意文人畫家

在元之前，統治了中國幾千年的主要思想政治核心應該是「文治」而非「武治」。歷朝歷代的君主都不希望用戰爭來控制政治，因此儒家思想才會流行上千年之久，成爲統治者利用的工具。天下的讀書人也都以能夠入仕、封

侯而爲畢生夢想。但到了蒙古族統治時期，這樣的思想發生了變化。在蒙古人看來，儒家思想和道、釋思想並無太大區別，而這些思想家又和工匠、醫生、占卜者一樣都屬於技藝工匠之列，沒有什麼特殊性。漢文化的博大精深，不是蒙古貴族短時間內可以瞭解和學習到的。因此他們除了享用中原的物質財富之外，只是一味的奴役漢人，並沒有重用他們或者進一步深入瞭解漢文化的內涵。一向獨尊儒術的文人漸漸發現，在元代，儒生與和尚、道士的地位漸漸的沒有差別，很多時候甚至於儒生的地位還在佛教徒和道教徒之下，這讓他們大爲不滿。漢族文人不能接受這樣的現實，因此只要有可能，他們就會游說統治階級繼續推行漢法，向漢族學習。爲了加強皇權，穩固統治，元代統治者也曾一度接受了這樣的建議，他們對儒家思想也表現出歡迎的態度，但在遇到戰爭和經濟問題時，儒生和統治者便開始出現分歧。因爲儒家的理念不能解決財政赤字及出征討伐等一些現實問題，而漢人又意圖阻止蒙古貴族重用善於理財的回族人。因此，元統治者開始對這些文人儒生產生懷疑，對他們表現出的空言仁義而對國家並無益處開始表現出不滿，最後得出了「儒教誤國」的結論。這個結論徹底推翻了儒家思想的統治地位，而整個儒教思想的堅實根基也開始動搖。縱觀元代歷史，我們還發現，連統治階級內部支持漢文化，希望施行漢法的幾個皇帝，例如英宗皇帝、真金太子等人，最後也不得善終，付出了生命的代價。這樣的結果，給了文人致命的打擊，他們本寄希望於元朝來重振儒家思想，而現在事與願違。雖然後來元朝政府爲了緩和民族矛盾，重新又開設了科舉制度，但這個時候的科舉帶有明顯的種族歧視，南方的漢人能通過科舉入仕的機會可謂是極小。即是萬幸在科舉中脫穎而出，最終也只能擔任地方州縣的一個小官職，這對一直自命清高的文人來說，是一種莫大的羞辱，他們「往往不屑爲吏」，過著進退兩難的生活。

　　《劍橋遼西夏金元史》中對這段歷史，有著這樣的敘述：

　　　　對於那些在中國歷朝未得到很好對待的職業階層，忽必烈努力排除對他們的歧視。手工業者、醫生和科學家獲得更多的利益並且得到朝廷更多的關心，因爲忽必烈顯然希望在統治中國上得到他們的支持。他還保證不剝削農民，並且實際上鼓勵了農業的發展。受到蒙古人損害的主要階層是地主精英，從這個階層中湧現出了大量的士大夫統治階級。忽必烈和蒙古人作爲國家的統治者取代了他們

廢止科舉制度之後，漢人精英只有很少的選擇。一些人順從了，並
為蒙古人服務；一些人放棄公共生活成為隱居者或者把興趣轉向藝
術；還有一些人不滿蒙古人的統治，形成潛在的破壞力量。漢人精
英感覺到他們是排除在蒙古人給予利益的階級和職業之外的主要群
體。[註2]

　　至元代中期，這批在仕途上受挫的文人畫家命運變得更加得坎坷崎嶇，
他們的處境異常的尷尬，成為了「非隱非吏」的一批人，雖然人在官場，但
卻心存息念。而在此時，由於時代文化思想潮流的變化加劇，因此這批人中
真正走向隱逸道路的就越來越多。當然，這其中也不乏一些想做官但卻沒做
成的落魄文人。朱德潤和王蒙均為此一行人之列。朱德潤就屬於混迹於官場
最終黯然隱退的畫家。他於年僅 30 歲之際已從官場全身而退，之後的日子，
表面潛心儒學思想，實際則希望在亂世之中得以自保，借著儒學的思想而修
養己身。王蒙，在元代曾做過「理問」這樣的地方小官，後為了躲避元末的
戰亂，也毅然隱居於黃鶴山。在他隱居的三十年中，以黃鶴山樵自稱，飽遊
臥看黃鶴山的青山綠水，一副悠然自得的愜意姿態。陶淵明式的田園生活背
後，卻是對元朝政府極度失望的心態。這些內心有抱負卻無的放矢的落魄文
人，他們既然不能官場得意，自然要轉移自己的情趣理想，投身於所熱愛的
書畫事業中去，用畫筆、用筆下的山水樹木來抒發自己的抑鬱之情。

第三類、閒遊野境的士人畫家

　　這應該是一場藝術革命，但是藝術革命的時間界定卻是極為困難的，這
與政治上的變革不一樣，我們很難界定究竟宋代和元代藝術變革的時間點在
哪裏，但還是可以從宋元繪畫的不同中看出一些端倪來。回顧宋代的繪畫，
由於宋代的國立強盛（尤其是在北宋），而皇帝又格外的重視繪畫，因此宋代
繪畫的繁榮是顯而易見的。然而這樣的繁榮是和國家和皇室帶給他們的權威
所不能分開的，我們是否可以這樣認為，宋代的繪畫是政治權利鬥爭占上風
的產物，而元代的繪畫則是藝術傳統內外相撞擊而形成的，正是因為有了激
蕩，所以會有新的變革，決定新的方向。南宋（1127～1279）大師馬遠、夏圭，
當時在畫壇上的地位可謂是穩若磐石，但是否考慮過，一旦宋王朝顛覆，這
些畫家的輝煌也隨即成為了過去式。雖然宋朝王室於 1276 年才正式退出杭

〔註2〕史衛民等譯（德）傅海波、（英）崔瑞德編《劍橋中國史》之《劍橋中國遼西
　　　　夏金元史（907～1368 年）》，中國社會科學出版社，1998 年 8 月，第 271 頁。

州，但是我們不難發現，杭州的畫院早在此之前就停止了創作活動，可能是因爲蒙軍攻入杭州，戰亂頻繁的關係，也可能因爲當時畫院創作中那種隱逸安詳的氣氛實在是和時局格格不入，但不管怎麼說，當時的繪畫已經和時代不能相適宜了。除了歷史因素之外，宋代畫家失去了贊助也是造成繪畫沒落的一個重要原因。宋代當時的畫家，不外乎以下幾種，一種就是於宮廷中任職的宮廷畫家，或是以賣畫爲生的職業畫家，他們或者在宮廷爲統治者服務，或者賣畫獲得一些贊助，而動亂時期，宮廷中的安逸和贊助商的資助都不復存在之時，他們自然也就無法再繼續生存下去。而至元代，這兩種傳統因素下的畫家都不再成爲主流，一些業餘畫家則成爲社會最主要的畫家群體，他們既不爲朝廷作畫也沒有資助人。這批畫家的身份都爲業餘的文人畫家，雖然在宋代，此類畫家（文人畫家或者稱爲士大夫畫家）絲毫沒有對宋代的職業畫家造成過任何威脅，但他們在元代的崛起可以說開創了新的繪畫流派也改變了當時繪畫的趨勢和風格。

縱觀這些開放士紳，他們也都出身文人，除此之外其中的一部分人士還具有比較高的社會地位以及紮實的經濟基礎，不然肯定無法過上如此清閒舒適的安逸生活。此外，他們中的很多人也多兼任當地的文人領袖或者帶頭人，經常召集趣味相投的文人墨客雅集，吟詩作畫，切磋技藝。而元代，當時這類大規模集會研究繪畫藝術的活動在前代雖然也有，但並不如此多見。這種雅集風氣的盛行至少可以說明兩個方面的問題，第一，當時的特殊社會環境造就了文人的這種特殊的氣質風格。因此，他們不談國事，不論政治，無欲無求，只希望借筆墨逸氣來抒發心中的情懷，他們自命清高，潛心作畫，爲的是自己一時的興致所致以及用作寫情寄愁的一種工具。引用鄭午昌在《中國畫學全史》中的話來說就是：

> 無論仕與非仕，無不欲借筆墨以自鳴清高。故其從事於圖畫者，
> 非以遣興，即以寫愁而寄恨。〔註3〕

他們隱於亂世，用山水畫來表達自己的眞性情。另一方面，如此大規模的組織群體畫家來研究商討繪畫的形式，在某一層面也反映出來這樣的一種現象，那就是在元代，社會中高層次的人群也不同程度的參與到繪畫藝術的研究和創作中來，這樣的現象不得不說是當時藝術發展的必然結果也是重要的歷史趨勢所向，這也爲江南地區繪畫風格的轉變提供了契機和深厚的人文

〔註3〕鄭午昌編著《中國畫學全史》，上海書畫出版社，1985 年 3 月，第 288 頁。

底蘊。在元代繪畫風格轉變之中起到領軍人物作用的畫家是趙孟頫、高克恭等人，而他們的繪畫成就也得益於此種繪畫風氣的薰陶。因此，元代能夠成爲中國封建社會末期中國繪畫史上的鼎盛時期，也絕非偶然，而是有一定原因的。

　　元代畫家倪瓚就屬於此類畫家之列。他出生於隱士之家，在當時聲明遠揚，除了畫作被視爲珍寶之外，明、清有多少文人追隨的則是他那種生活方式。雲林可謂是一位異常灑脫的文人畫家，整日遊於太湖山水之中，閒雲野鶴、寂然影從。他的這種生活態度真正詮釋了自己的詩文「身如野飛鶴，心若不繫舟」的內涵和境界。而這樣的情懷背後，殊不知亦隱藏了他人到中年，家破人亡的心酸事態。在元代的如此統治之下，過著悠閒灑脫，了無牽掛的生活之餘，自然有詩書畫相伴。與倪瓚相比，吳鎮的隱士生涯可謂要清貧的多。其一生最愛的《漁夫圖》，既是他生活中的樂趣，亦是他生活的真實寫照。吳鎮的隱逸和前面提到的官場失意之畫家的隱逸有很大的區別。前者是不得志於時，因而隱。而吳鎮的隱逸卻並非其不得已的選擇，而是他的愛好或者是志趣所在。這種志趣和樂趣，自然會通過他的畫筆，將他筆下寧靜淡泊的畫面呈現給觀者。

第四類、因出身特殊而受元廷籠絡的文人，內心充滿仕與隱的矛盾，而又仕隱兩兼的畫家

　　趙孟頫可謂是這類畫家中的典型代表。由於其內心與身世的繁雜，造成了情感波折的豐富，在嚴峻的世道中爲了苟全而委曲，才情乃寄於書畫藝文之上，使自己的天賦得到充分的發揮，從而開拓了文人畫的新局面。他由南宋宗室到入仕元廷，成爲魏國公；從一心報國從政到並無政治實權的翰林學士，期間酸楚唯有自知。在趙孟頫晚年《自警》詩中稱：「齒豁頭童六十三，一生事事總堪憐。惟餘筆研情猶在，留與人間作笑談。」〔註4〕從中就可見他尷尬處境的一斑。趙孟頫以畫爲寄、以松自喻，以竹自娛，以此表達自己的清高，解脫心中的鬱悶。趙孟頫以詩畫自嘲，抒寫自己受弼馬溫的管轄而不能征戰疆場之內心苦悶，大大的發展了文人以畫寫心傷時的領域，繼而成爲當時文人畫的領袖。

〔註4〕任道斌輯集、點校《趙孟頫文集》卷五，上海書畫出版社，2010年12月，第102頁。

4.3 元代畫家借松抒情的藝術特色

　　從對元人松樹圖的考察中，我們不難看出元朝的時代特徵造就了當時畫家的創作特點——寄情山水、託物言志。而松樹自然成為元代畫家藉以抒發自己內心情感的重要對象。如元初社會，在文人中有的選擇做了遺民，不與新政合作，吳興錢選，就以他的松樹圖寄託了對和平生活的嚮往，對家鄉山川的讚美，體現了自己幽居自守的情懷。而主動或被動入仕元廷的文人，如官至從一品的李衎、趙孟頫，官至正三品的高克恭，這些新政的達官，也以松樹的「冰霜操」自勵，讚揚松樹的凌寒不凋、從不變色的堅貞、清白，藉以表達自己雖然為官，但不願意與貪官姦臣同流合污的情懷。官至正三品的商琦，在為皇家殿堂作壁畫時，愛以松樹作為山水的重要內容，以突出仙境趣味，既體現了統治者希圖天下太平、世間茗仙的意願，也反映了人們追求美好生活的普世價值。

　　至元代中葉，一些入仕為官當吏，級別不甚高的文人，如官至從五品的朱德潤，經歷了官場政界的紛爭，感悟到世間的險惡，乃以道家賦予松樹的超脫寓意，作《渾淪圖》，吐泄希望返璞歸真的心思；官至正五品的李士行，亦在動蕩險峻的宦海風波中，感悟出欲當棟樑之才的難處，寫出盤松的曲折隱忍，以寄託委曲求全、護民一方的襟懷。小官唐棣，目睹社會底層的官吏腐敗，不僅努力糾正時弊，以身作則，獲得百姓的敬重，而且還繪松樹圖，傳達對為官須有松樹般清剛正氣的風範。這些喻人的松樹圖，從一個側面反映了元代中葉知識分子所具有「出則濟天下，入則獨善其身」的傳統儒家思想。

　　元末社會動蕩，朝政濁亂，軍閥割據，戰禍又起，危機四伏。此時，一些家境殷實的文人，如松江曹知白，明白大廈將傾，禍害臨頭，以畫松寄託追求安靜平和的情思；無錫倪瓚以畫松傳達不畏強暴君子自守的情懷。而道士黃公望以畫松表示君子在野，小人當政，表示追求平淡與自由生活的胸中丘壑。退官隱士王蒙以畫松來流露遁入深山，歸隱避禍的心境。鄉野寒士吳鎮以畫松抒寫不問政事，自由超脫，逍遙自得的思想。潦倒文人張遜作松樹圖歌頌不趨炎附勢、安貧樂道的奇倔風骨。才情四溢的文士楊維楨，畫雷火劫後不凋的勁松，以宣洩自己屢徵不起，拒絕官場榮華而獨立自由的性格，富有亂世的反抗個性。

　　凡此種種，皆說明畫松乃畫人，是畫家個性與經歷的寫照，是強烈的自

我表現，誠如元人張雨所說「由來書畫總心畫，政自不在丹青裏」。〔註 5〕元代文人畫家以不同的方式，在松圖中準確的表達了元代社會藝術家們不同的精神內涵，彷彿詩文，具有時代性，也具有歷史文獻價值。

在松樹作爲傳統文化意象的全部內涵中，無疑，抒寄傳統道德對理想人格的追求方面最容易被元代畫家所認可。無論是在物欲橫流的時代變動之中，亦或是在複雜動蕩的社會環境之下，松樹都眞誠地流露出自己嚮往崇高的道德追求這一精神品質。松柏自身的內涵不爲外界變化所動，在最嚴峻的生活考驗裏依然保持著生機與活力，外表挺拔而內在充實。這一點恰巧和元朝當時的時代背景相吻合。元代的文人畫家在極度痛苦不堪的生活中，堅守著自己的信念，自然也尋覓到松樹作爲自己託物言志、抒發感情的對象。而松樹的品性也顯示出做人的節義精神。自孔子對松樹的文化內涵作了人格化的定位後，松樹文化顯示出自身精神的延展性，在不同的文化背景之下，適應不同時代的人格需求。在元代，松樹成爲人們的精神寄託，不同畫面中展現出不同的松樹精神，而這種精神又激勵著元文人前進的腳步。元畫中喻松樹以君子的雅號，松樹就披上了文化的外衣，成爲了一個文化符號，成爲了當時中國人一種高尚情操與高貴品質的象徵；以松樹明德、明志，松樹就具有了一種文化教化和道德典範的功能。松樹的審美走上了人性化，人文化之路。在當時的松樹題材作品中，所有愛松樹、植松樹、賞松樹、詠松樹之畫家，都從松樹身上吸取道德的力量，從而自覺地塑造、提升、昇華自身的人格與胸懷。因此，文人畫家在描繪松樹，欣賞松樹的過程中也在不斷的以松樹精神激勵自己，託松樹之畫述說自己或鬱悶不得志，或身懷遠大理想的內心情懷。「松樹」既成爲當時繪畫作品中一類重要的題材，也是一種文化符號的象徵，在這個文化符號下，松樹又有著一種獨立不遷的人格精神。松樹作爲精神情感的寄託，它的內涵不是單一的，而是多重的。

松樹對於中國元代繪畫的意義及文化的含義，無論從物用的廣泛性還是從對傳統倫理美學影響的深刻性來講，都是其他植物所遠遠不能企及的。在當時濃厚的「松樹文化」背景和氛圍中，文人畫家對松樹體悟最深的是：松樹精神、松樹氣節。人們立足中華民族的優秀文化傳統，結合自我的生活經歷、生活體驗、對人生美好境界的追求，在畫面中賦予松柏豐富深厚的精神

〔註 5〕　（元）張雨《唐子華雲山歌》，載自《靜居集》卷二，見《元代畫家史料彙編》，第 379 頁。

內涵，使之成爲中華民族氣節、風貌、性格的生動寫照。以松抒情，這是松樹備受民族矛盾壓抑下元代文人畫家推崇和喜愛的根本原因。以松樹象徵中華民族的精神，將抽象的道德理念和價值標準具象化，有助於民族理想、人格精神的深入人心。從而使得松柏題材繪畫成爲美育及德育教育的媒介手段，這是松成爲文化象徵的最根本的歷史價值和社會意義所在，也是爲何元代繪畫中松樹畫題材會如此繁盛的重要原因之一。

第五章　元人畫松對後世的影響及元以後松樹圖創作特點

　　自明代初期以來，統治階級開始大興文字獄，對畫士也大開殺戒，當時的畫家多憂心忡忡，自然也不敢再過於各抒己見。因此，自元末開始興起的注重抒發個性的畫風，至此時已驟然收斂，畫家們又開始轉而追隨宋代以來嚴謹的繪畫風格，在松樹的描繪方面，除少數幾位畫家還在追求自己的繪畫個性之外，大部分畫家都為此風所囿，所畫之物共性明顯多於個性。但至明代中葉，文風漸鬆，思陽明心學的誕生之後，元人直抒胸臆的畫風，也漸漸得到弘傳。

　　明代所繪松樹，從其造型上來分析，主要推崇盤龍狀的古松造型。畫家們多認為「松偃龍蛇」，方能入眼，因此當時的松樹在造型上追求盤根錯節的虬龍狀。當然，以蘇州為中心的吳門畫派則在畫法上保持了自己一貫追求的真切自然的繪畫風格。當時對於松樹的畫法及研究，一般會受到以下幾方面的影響，其一，宗法前朝的繪畫風格，宋代董、巨畫松的特點及元末四家的畫松風格對明代均有較深的影響。另一方面，鑒於元文人畫之不可取代的地位，以至於松樹動輒便被譽為君子高士，且多用於山水畫的創作之中。松樹常常和怪石、竹林、老鷹、仙鶴等有象徵意味的動植物一起出現在畫面之中。而「歲寒三友」等傳統題材在當時也仍比較流行。（見圖 64）明代，松樹繪於寺觀壁畫的例子雖還存在，但卻依然鮮見於世。僅在一些文獻中有記載，在胡桃等小物之上，卻可見刻有屋宇松石等圖案，可見松樹已從繪畫領域的專有題材開始漸漸與工藝美術品相結合。

明代畫松，正如以上之所述，大多仍是沿襲了元代的畫松風貌，但在具體的筆墨技巧等方面卻也較前代有著極大的改進。明代畫松樹，各種畫法皆備，水墨、青綠設色、淺絳畫法都能見諸於畫，就目前整理的資料而言，還是以水墨畫法者居多，且成就也較爲明顯突出。如當時林良（約公元 1428～1494 年）所繪松樹，能突破南宋院體畫的陳規，筆墨放縱而多有古意，後人對他所繪之畫的評述：「樹木遒勁如草書而人莫能及。」〔註1〕可見其善於用筆力來作畫。

而文徵明（1470～1559）和徐渭（1521～1593）等人所繪的松樹作品則趨於文人畫的意向，意在筆先，多爲追求高雅的神韻及畫中的君子之意，因此作品往往是「不求形似」而「氣韻生動」。文徵明筆下的松樹往往樹幹挺直，形狀簡率生動，樹通體先用淡墨進行渲染，再使用枯筆焦墨反覆皴擦，表現出老樹龍鱗的狀態，而松針及松葉卻用細筆點綴，稀疏有致，展現出高潔清雅之美感。這種畫松樹的風格，是文徵明筆下所特有的文氏風貌，

圖 64：（明）唐寅《歲寒三友》

也應當爲明代畫家所區別與前代畫松技法的一種鮮明特色。（見圖 65）明中期畫家吳偉（1459～1508）、呂紀（1477～ ？）、張路（1464～1538）三人都畫過松樹（見圖 66、67），且皆秉承南宋畫院的繪畫技法，所繪松樹用墨極重且筆勢率放，松樹枝幹用線條勾勒及濃墨反覆塗抹，色重且具有立體體量感，而松針的描畫卻一改傳統的單筆細線勾描法，筆下松針兩兩並行，攢成一團，有的形似車輪之狀，有的卻爲蝴蝶之形，甚多變化，生動可愛。這之中，吳小仙又

〔註1〕 （清）徐沁，《明畫錄》，出自俞劍華主編《中國畫論類編》，人民美術出版社，1957 年 12 月，第 1087 頁。

喜以潑墨的畫法來寫松；陳淳、蔣乾等人的松樹也多水墨之體。松針的描繪一改傳統勾勒之法，而用點簇法來表現針葉的多邊性。

圖 65：（明）文徵明《石湖圖》局部

圖 66：（明）吳偉《長江萬里圖》局部

圖 67：（明）呂紀　《百鶴圖》

　　明代關於畫松的理論，並無什麼獨到之處和一些新的看法，多為對前人繪畫觀念的總結，在具體的畫法上，也有一些歸納闡述的論述。董其昌（1555～1636）的《畫禪室隨筆》、莫是龍（1537～1587）的《畫說》、唐志契（1579～1651）的《繪事微言》中都有些許提及。而汪砢玉（1587～？）在《珊瑚網》中總結前人的畫松法則時提及：

　　　　皴樹法：松皮如鱗皴、（寫針有鼠尾、蝴蝶、車輪、爪籬等名。）
　　柏皮如繩皴……〔註2〕

在他之前，尚未出現理論家如此系統的確定整理這麼多畫松的名目，可見明代在繪畫上追求的是注重法式的思想理念。

　　清代畫家在畫松方面，多追求松樹那種特有的率直挺拔、高逸俊雅的自然之美。而古時畫松所崇尚的老樹虬枝，具有臥龍之狀的松樹姿態在當時已不再流行。其中的原因之一也是因為清代受到元代及明吳門畫派文人畫風的影響，清朝之時寫意為主的文人畫風再度盛行於世。在畫面的尺寸規模上，清人喜作巨松，畫幅尺寸可達數丈之大，而畫面布局則有簡有繁，簡單至整幅畫面上可以只畫花瓶一隻，內插一松枝，上有松針幾束，松果幾顆而已。此外，松樹和靈芝互相搭配出現在畫面上，有吉祥之寓意。而在畫松的表現形式上則呈現出百花齊放的創作狀態，各種畫法皆備：水墨、青綠、寫意、工筆、甚至於指墨的畫松表現方法在此時的松樹圖中均有出現。

　　清代畫家畫松，在繼承前人傳統格法的基礎上，亦有所突破創新，用不同的繪畫風格來展現這一歷經千年的繪畫題材。由於每個畫家的知趣、喜好、修養所處的社會背景均有差異，因此他們筆下繪製的松樹也就各有千秋，呈現出多種不同的風貌。例如弘仁（1610～1664）、石濤（1642 一約 1707）、項聖謨（1597～1658）、等人不完全師法古人，而以黃山的真松為師，所繪松樹真切生動，有極強的現實感（見圖 68、69、70）。在當時師古之風盛行之時，這些畫家能夠大膽的師法「寫生派」，在繪畫技法上不落窠臼，獨闢蹊徑，確屬難能可貴。而就當時的畫松技法來論，龔賢的《畫訣》、鄭績（1813～1874）的《夢幻居畫學簡明》、王概（生卒年代不詳）的《芥子園畫傳·山水集》、吳定（1744～1809）的《吳定山水畫譜》都對松樹的畫法或者畫松時用筆的技法有著圖文並茂的闡釋：

〔註2〕（明）汪珂玉《珊瑚網》，出自王雲五主編《萬有文庫第二集 七百種珊瑚網》，商務印書館，1936 年 3 月，第 327 頁。

圖 68：（清）弘仁《松壑清泉圖》　　　　圖 69：（清）石濤《宗林亭圖》

圖 70：（清）項聖謨《松陰空翠》

如寫松，其松針落筆處尾尖，而結締心處大者，此宜用披麻、
雲頭、牛毛等山。若落筆處尾重大而聚蒂處反尖小，此宜配斧劈、
馬牙等石，其餘竹柳梧槐，與夫無名雜樹，即此類推……〔註3〕

當時畫家畫松各有千秋，石濤畫松，使用疏筆畫法，枝幹針葉都疏鬆排
列，樹幹上多用點苔法，他獨創了「遠松法」及「松鱗法」對松樹進行不同
的描繪；朱耷畫松旨在表現出孤傲清高之意，因此松樹的枝幹松葉都以簡筆
而爲之；袁江（1662〜1735）、袁耀（生卒年代不詳）筆下松樹，古趣縱橫，
老樹多呈虯龍之狀，設色古雅豔麗，畫面多爲枯枝椏杈（見圖71）；沈銓（1682
〜1760）等人所繪《松鶴圖》（見圖 72），圖上松樹栩栩如生，針葉、枝幹上
的松鱗、松果部分都逼眞寫實，風格古雅且神色皆備，別開新意；而虛谷筆
下的松樹，線條簡潔，猶如草稿，樹幹枝葉線條輪廓分明，先以淡墨草草揮
寫，再用重墨細細勾勒，而樹幹上松皮部分，使用毛筆交叉皴點，類似於披
麻皴，針葉部分沒有使用常見的松枝貫穿畫法，而用了鼠尾形縱列的針葉造
型，松葉之間隱約可見松果排列，新奇別致。另有出自戴熙（1801〜1860）
筆下的《松明石瀨圖》，圖中的松樹先用淡墨積畫，再使用焦狀濃墨，在樹幹
邊緣加以點染，表現出樹幹的縱橫古意。沈銓畫松，一般以赭石染色，光感
兼具，松針部分用綠色顏料直接勾畫，眞豔之感躍然於紙上。至清代中葉，
賣畫風氣盛行，當時的李方膺（1695〜1755）、龔有暉、趙之謙（1829〜1884）、
任頤（1840〜1896）、等人均有不少畫松的作品。他們筆下的松樹除了講究筆
墨韻味之外，也對繪松的色彩感十分講究，松葉使用蒼綠之色，松針著以濃
麗的石青之彩，青綠輝映，尤覺豔麗。清代畫松，除上述提及之常規畫法外，
更開創了指墨畫松的先例（見圖 73），高其佩（1660〜1734）及王鳳崗都是此
中的佼佼者。

趙孟頫、元末四家（黃公望，吳鎮、倪瓚、王蒙）、明四家，清代的弘仁、
石濤、梅清（公元 1623〜1697 年）等，不同年代、不同畫家，由於審美情趣
的不同，松的畫法自然也呈現出各異的形態。有的畫家認爲：

松龍鱗，柏纏身，須參活畫法。〔註4〕

〔註3〕（清）鄭績《夢幻居畫學簡明》，出自何志明、潘運告編《清人論畫》，湖南美
術出版社，1997 年 4 月，第 401 頁。

〔註4〕（清）鄒一桂《小山畫譜》，出自何志明、潘運告編《清人論畫》，湖南美術出
版社，1997 年 4 月，第 439 頁。

圖 71：（清）袁耀筆下松樹圖　　　圖 72：（清）沈銓《松鶴圖》

圖 73：（清）高其佩《松樹》雙屏

有的說：

> 松似龍形，環轉回互，舒伸屈折，有凌雲之致。〔註5〕

也有拿畫松和畫柳樹相比較的：

> 松葉宜厚。畫松，平頂多於直頂。畫松正與畫柳相反，畫柳從下分枝，畫松枝在樹杪。柳枝向上，松枝兩分。畫柳根多，畫松根少。松宜直，柳宜欹。松針宜平。〔註6〕

又說：

> 松愈老而葉愈稀，柳愈老條愈疏。筆力不高古者，不宜作松柳。」

而對松樹和柏樹則曰：「畫松杉檜柏，立勢大約相類，樹枝用筆不同耳。涉筆須要有拙處，有巧處，若一味屈曲蟠旋取勢，便入俗格。當思巧以取奇，拙以入古。……古人畫松柏多者，皆取平正之勢，以林間可布屋宇橋亭，曲折位置也。如作離奇盤曲之勢者，只可旁以奇石頭，俯以湍流而已。〔註7〕

而松樹的畫法中，眾人紛紛覺得松針的畫法最難：

> 山水中松最難畫，各家松針數十種，要惟挺而秀，則疏密肥瘦皆妙。松針若寫楷，橫點若寫隸，半菊若寫草，圓圈若寫篆。松針有數種，然不可亂用，大約細畫宜工，粗畫宜寫，長而稀者爲貴。
> 〔註8〕

唐以前畫家追求精心描繪理想的眞實境界，注重眞實物象的再現。而五代以後，畫家們則在「外師造化，中得心源」兩方面均做足了工夫，將生活的感受和自然界中松樹的各種姿態的變化相結合，將松擬人化，賦予其君子的品性和風格，這種結合使得松樹圖的作品在意境、寓意方面更爲豐富、深刻、且更具有個性化的特徵。古代畫家經過長期的藝術創造，總結出一整套極完整且系統化的畫學理論，也形成了一套極富特色的藝術程式，它體系完備而又極其靈活多變，反映出畫家對大自然敏銳的理解、對藝術深刻的體會。松的畫法與國畫中山石、人物、花卉等一樣式樣豐富，可以說是一種便於掌握的類型化的處理方法，以利於畫家從紛繁瑣碎雜亂的現實景物中尋找到具

〔註5〕（清）唐岱《繪事發微》，同上書，第316頁。

〔註6〕（清）龔賢《龔賢論畫》，同上書，第72頁。

〔註7〕（清）龔賢《柴丈畫說》，出自何志明、潘運告編《清人論畫》，湖南美術出版社，1997年4月，第69頁。

〔註8〕（清）錢杜《松壺畫憶》，上卷，同上書，第275頁。

有典型性的形式語言。當代畫家黃賓虹（1865～1955）所繪松樹無論在構圖、立意上，均反常套，不拘泥古法，不依樣葫蘆。（見圖74）朱宣咸（1927～2002）筆下的勁松頂天立地、巍然挺拔、果斷而強悍、迎風冒寒、樹幹蒼勁、松針如鐵，有屹立雄健、剛直凝練、氣雄力堅的特點。（見圖75）潘天壽（1897～1971）先生的作品生氣勃勃，淋漓壯闊，屬雄健一派。他所作的《黃山松》用堅勁沉著的線條，枝枝如鐵，背景始信峰只寥寥數筆，卻挺俊奇特、品格高妙（見圖76）。《松石橫卷》一株老松，盤根石畔，古幹槎牙，神清骨峭，蒼勁的書法題字佔據了畫面的一半，眞是「樹如屈鐵山畫沙，筆能扛鼎騰龍蛇」，將元人畫松的旨趣作了充分的繼承與發揮。

  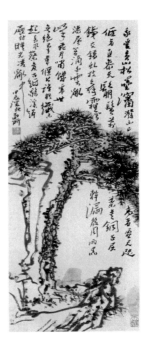

圖74：（現代）黃賓虹筆　　圖75：（現代）朱宣咸《黃　　圖76：（現代）潘天壽《黃
　　下松樹作品　　　　　　　　山奇松》　　　　　　　　　山松》

結　語

　　松樹古稱「百木之長」，皮如金錢，枝若曲鐵，粗幹針葉，散發脂香，凌寒不凋，歷久彌堅。或挺曠野，臨風呼嘯，固土防沙；或踞山崖，吐納煙嵐，滋潤岩壑。故世人以之比德，贊其崇高，譽其剛毅，千百年來史不絕書。而追求高尚情操、講究形神之美的歷代山水畫家，鍾情於松樹題材者更不乏其人。唐之張璪，五代之巨然，北宋之郭熙，南宋之劉李馬夏四家，元之趙孟頫及「元四家」，明之戴進及「明四家」，清初之「四僧」、「四王」，乃至「揚州八怪」之汪士慎，「海上畫派」之吳昌碩，皆爲畫松高手。可見松樹入畫，傳統悠久。松樹的品格猶如端正君子之品，松樹的狀態若騰龍躍虎，松樹的樣貌似遺老壯士。因此，松樹不僅擁有其雄偉的枝乾和美麗的葉實，人們喜歡畫松，文人野士熱衷於寫松，是有其一定原因的。將松樹置身於山水畫的林木之中，松樹可成爲眾木之重心；將松樹安插在人物、走獸、花鳥畫間，松樹也可成爲配景；單獨以松樹構成獨立的畫面，松樹亦可成爲完美獨立之藝術品。

　　作者意圖通過對元松樹圖的解析，從圖像風格學的研究方法著手，從具體事例中說明元人畫松的以畫爲喻、爲寄，以畫體道識史的特色，從而使昔日被人忽視的元人畫松內涵得以彰顯，進而說明元代文人畫松在中國畫史上的重要地位。元人筆下的松樹圖拓寬了文人畫所表現的豐富意境，這種形式表現在筆墨上，同時也反映在思想上。從這些松樹畫作品中，我們不難發現繪畫是人類內心世界的反映，而且與畫家所處的時代、個人際遇、藝術環境甚有關聯，這些都爲文人畫所想表達的「畫爲心印」提供了重要而又具體的實證。

　　而在中國歷代繪畫作品中，以畫比興功能的興起，使得元代松樹圖除了紀實及裝飾功能之外更多了一層與時代密切相關的內涵，象徵了當時的社會文化，代表了知識分子的普遍心情。憂國憂民、傷時傷己的情懷油然而生，或爲當時社會的眞實寫照。如果說詩言志是史詩，那麼文人畫是寄情，亦是史畫。這些畫不僅富有觀賞意義，更記錄了時代變化的脈絡。自南宋梅、蘭、竹、菊題材興盛之外，元人畫家用松樹象徵人品的高潔，也爲君子凜然之風，更昭然揭示了君子不甘與小人同流合污之意。這些都豐富了中國畫的表現內容、象徵意義與表現手法。起到了繼往開來的效果，也成爲了記錄時代的烙印。而松樹在繪畫中的比德之意，以畫爲喻爲寄，以畫體道識史，更成爲中國人一種重要的審美情趣。

　　自然界中的花草樹木可謂是宇宙間最基本的形態和最炫麗的組合，人們對其喜愛恒越千載，文人騷客則更是對其詠唱盈千上古。在它們的身上，文人墨客賦予其特定的象徵意義與人格寄託。道德移情，不僅是中國古老的文化傳統，也常見於各種畫家筆下的繪畫作品之中。正是以這種美學觀念爲理論依據，大自然中的花草樹木，都被賦予了深刻的道德含義。對於具有「比德」審美修養的元人畫家來說，畫一棵傲然挺立的松樹，它可能象徵的是時人的堅強不屈、正氣凌然，松樹的這種象徵含義在當時是很容易被理解和把握的。自古以來的中國畫界學人，無論是對山川河流的描繪，還是對樹木花草的臨摹，其用意都不僅僅是爲了欣賞自然美，而更重要的是要顯示自然美的社會性，也就是說，要借用作爲審美客體的自然物象，來形象地展現現實生活中人的思想精神與品格。因此，眾多畫家筆下的自然物象，實際上是人們精神的擬態，是人們精神面貌的巧妙顯現。各代畫家對於松樹的審美情趣，一方面使自然物顯得更爲生動而富於情趣；另一方面將抽象的道德形象化，能使人妙發性靈，受到美的感染和享受。松樹入畫，既能顯示出自然美的實質，又能使自然物的某些特徵與人的某些品德美相類似，換句話說，這是立足於人類社會生活來欣賞自然美的。正如當代畫家蔡若虹先生所說：

　　　　人們欣賞自然，讚美自然，往往結合著生活的想像和聯想；自
　　然風物的特點往往被看作人的精神擬態。人們讚美山的雄偉！海的
　　壯闊！松的堅貞！鶴的傲岸同時也是讚美著人，讚美與自然特點相
　　吻合的人的精神〔註1〕

〔註 1〕蔡若虹《蔡若虹美術論文集》，四川美術出版社，1987 年 7 月，第 275 頁。

　　事實也正是如此，在元代的特殊藝術環境中，畫爲心印，成爲當時文人畫家創作的一個重要準則。相應引類譬喻、託物寄興、因物喻志、借物諷喻、感物興懷，這些都成爲元代文人畫家重要的審美理想。松樹題材繪畫作品的審美意義在於它強調了自然感官的享受愉快與社會文化功能作用的交融統一。不同的社會生活、制度、觀念、信仰、文化傳統、意識形態等等都影響、制約甚至決定著松樹以及各種具體的自然景物是否和如何成爲特定人群的審美對象或美學客體，這正是松樹題材作品爲何在元代成爲文人畫家摯愛的關鍵原因。由於他們的努力，元代繪畫豐富了中國畫的表現內容，松樹入畫成爲一時之風尚。這既爲意境內涵，又反映了時代的民族的精神，更使得元代文人畫成爲美術史上精彩的篇章。

參考文獻

一、古籍

1. （宋）朱熹注《詩經集傳》，上海古籍出版社，1986 年。

2. 郭慶藩撰《莊子集釋》，中華書局，2004 年。

3. 逯欽立輯《先秦魏晉南北朝詩》，中華書局，1983 年。

4. （戰國）莊周原著，張耿光譯注《莊子全譯》，貴州人民出版社，2009 年
   3 月。

5. （漢）司馬遷著《史記·龜策列傳》，延邊人民出版社，1995 年 7 月。

6. （東晉）干寶著，黃滌明譯注《搜神記全譯》，貴州人民出版社，2008 年
   9 月。

7. （唐）張彥遠《歷代名畫家·論畫山水松石》，中華書局，1985 年 1 月。

8. （唐）朱景玄，明翻宋本《唐朝名畫錄》，臺北圖書館善本書室藏。

9. （唐）張彥遠著，俞建華注釋《歷代名畫記》，上海人民美術出版社，1964
   年 1 月。

10. （宋）黃休復著，秦嶺雲點校《益州名畫錄》，人民美術出版社，2004 年。

11. （宋）林景熙著《霽山集》，中華書局，1960 年 2 月。

12. （宋）郭若虛著《圖畫見聞志》，江蘇美術出版社，2007 年 8 月。

13. （元）丁復撰，《文淵閣四庫全書補遺 集部 宋元卷 第四冊》《檜亭集》，
    北京圖書館出版社，2006 年 6 月。

14. （元）黃玠著《弁山小隱吟錄》，文物出版社，1987 年 1 月。

15. （元）趙孟頫著《松雪齋文集》卷五，出自《歷代書家詩文集》，臺灣學
    生書局，1970 年 6 月。

16. （元）楊維楨著，鄒志方注解《楊維楨詩集》，浙江古籍出版社，2010 年 1 月。

17. （元）楊維貞著，四部叢刊初編《東維子文集》，臺灣商務印書館，1983年。

18. （元）楊維貞著，四部叢刊初編《鐵崖先生古樂府》，臺灣商務印書館，1983年。

19. （元）陶宗儀撰《四部叢刊三編・子部・南村輟耕錄》，上海商務印書館，2015年。

20. （元）倪瓚《清閟閣遺稿（萬曆倪理刊本）》，中央研究院藏，1983年。

21. （元）倪瓚《清閟閣遺稿（曹培廉輯編）》，元代珍本文集彙刊，中央圖書館，1983年。

22. （元）吳鎮著《梅花道人遺墨》歷代畫家詩文集，臺灣學生書局，1983年。

23. （明）汪珂著《珊瑚網》，王雲五主編《萬有文庫第二集 七百種珊瑚網》，商務印書館，1936年3月。

24. （元）倪瓚著《清閟閣全集》卷十《尺牘篇》之倪瓚《答張藻仲書》，西泠印社出版社，2010年12月。

25. （明）何良俊著《書畫銘心錄》，出自徐英槐《中國山水畫史略》，浙江大學出版社，2003年9月。

26. （明）汪珂玉撰《珊瑚網》，出自《影印文瀾閣四庫全書》，臺北臺灣商務印書館，中華民國75年（1986）年。

27. （明）徐弘祖著《徐霞客遊記》，上海古籍出版社，1987年10月。

28. （明）徐渭著《徐渭集》，中華書局，1983年4月。

29. （明）洪應明著《菜根譚》，天津古籍出版社，2003年6月。

30. （明）鄭眞著《滎陽外史集》，上海古籍出版社，1991年11月。

31. （明）董其昌著《畫禪室隨筆》，《欽定四庫全書》，臺北商務複印本，1983年。

32. （清）顧嗣立編選《元詩選》，上海古籍出版社，1993年11月。

33. （清）安歧著《墨緣彙觀》，天津市古籍書店出版，1993年7月。

34. （清）孫承澤撰《中國藝術文獻叢刊：庚子銷夏記》，浙江人民美術出版社，2012年3月1日。

35. （清）徐沁著《明畫錄》，出自俞劍華主編《中國畫論類編》，人民美術出版社，1957年12月。

36. （清）文震亨撰《長物志》，陳植校注，江蘇科技出版社，1983年。

37. （清）卞永譽著《式古堂書畫彙考》，浙江人民美術出版社，2012年6月。

38. （清）顧嗣立編撰《元詩選二集・甲集》，中華書局編輯部，1985年12月。

39. （清）曹寅、彭定求等著《全唐詩》，中華書局據揚州詩句本點校本，2005年。

40. （清）永瑢等撰《四庫全書總目》，中華書局影印杭州本，1987年。

41. （清）陳邦彥編《御定歷代題畫詩類》，文淵閣四庫全書集部。

42. （清）吳升著《大觀錄》，藝術鑒賞選珍，中央圖書館出版漢華印行，1983年。

二、近人論著

1. 夏文彥著《圖繪寶鑒》卷五，商務印書館，1934年8月。

2. 王雲五主編《道園學古錄》虞集撰，《萬有文庫第二集七百種》，商務印書館，1937年3月。

3. 徐邦達著《歷代流傳書畫作品編年表》，上海人民美術出版社，1963年。

4. 溫肇桐著《黃公望史料》，上海人民美術出版社，1963年。

5. 郭味渠著《宋元明清書畫家年表》，中國書畫研究資料社，1964年。

6. 傅申著《元代皇室收藏史略》，臺北故宮博物院印行，1981年。

7. 陳高華編著《宋遼金畫家史料》，文物出版社，1984年3月。

8. 鄭午昌編著《中國畫學全史》，上海書畫出版社，1985年3月。

9. 周積寅編《中國歷代題畫詩選注》，西泠印社，1985年5月。

10. 陸儼少著《陸儼少課徒山水畫稿》，上海書畫出版社，1985年9月。

11. 宗典編《柯九思史料》，上海人民美術出版社，1985年12月。

12. 陶鑄著《松樹的風格》，出自《陶鑄文集》編輯委員會《陶鑄文集》，人民出版社，1987年8月。

13. 陳高華編著《隋唐畫家史料》，文物出版社，1987年10月。

14. 吳保合著《高克恭研究》，臺北故宮博物院故宮叢刊編輯委員會編，臺北故宮博物院出版發行，1987年7月。

15. 陳文新著《歷代草木詩選》，雲南人民出版社，1988年12月。

16. 王伯敏主編《中國美術通史》，山東教育出版社，1988年5月。

17. 楊涵主編《中國美術全集》，上海人民美術出版社，1988年。

18. 范垂長編著《先秦文學詳解》之《孟子·告子上》，東北財經大學出版社，1988年5月。

19. 范景中選編《藝術與人文科學 貢布里希文選》，浙江攝影出版社，1989年版。

20. 朱仲岳編著《倪瓚作品編年》，上海人民美術出版社，1991年12月。

21. 艾中信等編《中國大百科全書（美術卷）》，中國大百科全書出版色，1991年版。

22. 《元四家畫集》，天津人民美術出版社，1994 年 12 月第一版。

23. 王志民、王則遠校注《康熙詩詞選注》，內蒙古人民出版社，1994 年版。

24. 上海書畫出版社編《趙孟頫研究論文集》，上海書畫出版社，1995 年 3 月。

25. 章利國著《中國繪畫與中國文化》，中國美術學院出版社，1996 年。

26. 何志明、潘運告編《中國書畫論叢書》，(《漢魏六朝書畫論》《唐五代畫論》《宋人論畫》《元代畫論》《清人畫論》)，湖南美術出版社出版，1997 年 4 月第一版。

27. 何志明、潘運告編 (《明代畫論》《清代畫論》《清人論畫》《宣和畫譜》《歷代名畫記》)，湖南美術出版社出版，1997 年 4 月第一版。

28. 《中國美術分類全集——中國繪畫全集》，文物出版社，浙江人民美術出版社出版，1997 年 11 月第一版。

29. 《中國美術分類全集 中國繪畫全集 元代繪畫卷》，文物出版社、浙江人民美術出版社，1997 年 11 月。

30. 遼西夏金元史 (907～1368 年)》，中國社會科學出版社，1998 年 8 月。

31. 黃湧泉等著《中國歷代畫家大觀元》，上海人民美術出版社，1998 年版。

32. 高木森著《元氣淋漓》，東大圖書公司，1998 年。

33. 謝巍著《中國畫學著作考錄》，上海書畫出版社，1998 年。

34. 郭煥芳選評《古文經典 99》，山東人民出版社，1999 年 4 月。

35. 崔述生著《精編本草綱目》，中醫古籍出版社，1999 年 11 月。

36. 偉平選編《中國歷代名家技法集萃・山水卷・樹法・上》，山東美術出版社，1999 年 3 月。

37. 海兵編著《杜甫詩全集詳注》，新疆人民出版社，2000 年 12 月。

38. 薛永年、越力、尚剛編著《中國美術・五代至宋元》，中國人民大學出版社，2000 年。

39. 鄭振鐸著《中國文學研究》，人民文學出版社，2000 年版。

40. 韓豐聚、孫恒傑主編《題畫詩選釋》，河北美術出版社出版，2000 年 5 月第一版。

41. 王朝聞主編《中國美術史》，齊魯書社明天出版社出版，2000 年 12 月第一版。

42. 黃應全著《魏晉玄學與六朝山水畫論》出自《文藝研究》2001 年第 4 期。

43. 曹意強著《藝術與歷史》，中國美術學院出版社，2001 年。

44. 王世襄著《中國畫論研究》，廣西師範大學出版社，2002 年。

45. 盧輔聖著《中國文人畫通鑒》，河北美術出版社，2002 年。

46. 萬新華著《元代四大家——文人畫的重要里程碑》,遼寧美術出版社2003年。

47. 萬新華著《元代四大家》,遼寧美術出版社,2003年。

48. 邵宏著《美術史的觀念》,中國美術學院出版社,2003年版。

49. 陳高華編著《元代畫家史料彙編》,杭州出版社,2004年3月。

50 王光鵬主編《中國古代文學作品選 魏晉南北朝隋唐五代卷》(第2版),武漢出版社,2004年8月。

51. 上海博物館編《千年遺珍國際學術研討會論文集》,上海書畫出版社,2006年12月。

52. 許江、馬以主編《書畫爲寄——趙孟頫國際學術研討會論文集》,中國美術學院出版社,2007年9月。

53. 李建中主編《中國古代文論》,華中師範大學出版社,2007年1月。

54. 馮友蘭、趙復三著《中國哲學簡史》,生活·讀書·新知三聯書店,2009年5月。

55. 王運熙著《樂府詩集導讀》,中國國際廣播出版社,2009年1月。

56. 姚小鷗著《詩經譯注》,當代世界出版社,2009年1月。

57. 劉宗志著《論語解讀》,貴州人民出版社,2009年7月。

58. 湯麟著《中國歷代繪畫理論評注:元代卷》,湖南美術出版社,2009年12月。

59. 《中國歷代繪畫理論評注:元代卷》,湖南美術出版社,2009年12月。

60. 張長法著譯《列子·天瑞》,中州古籍出版社,2010年5月。

61. 張光賓著《元四大家年表》,臺灣大學藝術史研究所出版,2010年3月。

62. 任道斌輯集、點校《趙孟頫文集》,上海書畫出版社,2010年12月。

63. 范景中著《中華竹韻》,中國美術學院出版社,2011年。

64. 《乾隆御筆避暑山莊碑詩》,新華出版社,2012年5月。

65. 洪再新著《中國美術史》,中國美術學院出版社,2013年7月。

66. 盧勇《吳鎮〈竹譜圖卷〉之考辯》,中國美術學院出版社,2013年9月。

67. 陳高華編著《元代畫家史料增補本》,中國書店,2015年六月。

68. 史衛民等譯(德)傅海波、(英)崔瑞德編,《劍橋中國史》之《劍橋中國》,2015年版。

三、港澳臺及海外論著

1. 《中華五千年文物集刊 元畫篇》,(臺灣)中華五千年文物集刊編輯委員會出版,1964年3月第一版。

2. 《故宮藏畫大系》，臺北故宮博物院編輯委員會編，臺北故宮博物院出版發行，1975 年。

3. 《故宮書畫圖錄》，臺北故宮博物院編輯委員會編，臺北故宮博物院出版發行，1977 年 6 月第一版。

4. （美）李雪曼、何惠鑒著，《元代蒙古人統治下的中國藝術》，克里夫蘭，1968 年。

5. （美）何惠鑒《元代文人畫序說》，新亞學術集刊，1983 年。

6. （美）高居翰著《中國繪畫史》，李渝譯，雄獅圖書有限公司，1989 年。

7. （美）方聞著、李維錕譯《心印》，上海書畫出版社，1993 年 10 月。

8. （美）李鑄晉《鵲華秋色——趙孟頫的生平與畫藝》，生活・讀書・新知三聯書店出版社，2008 年 7 月。

9. （美）高居翰著《隔江山色》，生活 讀書 新知三聯出版社，2009 年 8 月。

10. （美）高居翰著《畫家生涯》，三聯書店，2012 年。

11. （日本）鈴木敬主編《中國繪畫綜合圖錄》，東京大學出版會出版，1983 年。

12. （日本）户田禎祐、小川裕充編《中國繪畫綜合圖錄續編》。

13. （日）吉田良次著《趙子昂：人和藝術》株式會社二玄社出版，1991 年 11 月。

14. 《元時代的繪畫》，日本大和文華館，1998 年 10 月

附錄一：隋唐五代與宋遼金畫松畫家統計表

在《隋唐畫家史料》中，據記載，有史可考畫家約為四十三人。而有記載曾畫過與松樹相關題材的畫家卻不多。僅可見以下十二人。

1、李思訓

在《草堂雅集》卷二中有《題趙千里臨李思訓金碧山水》提到：

> 山上白雲朝暮生，雜花流水總關情。
>
> 相思把筆題招隱，千尺長松獨鶴鳴。〔註1〕

2、王維

在《參寥子詩集》卷十一中有《次韻王潛翁題王孝孫所藏摩詰〈聽松圖〉》一詩。而他所繪《輞川圖》也為松樹山水題材之作。在朱景元的《畫斷》中曾提及此圖曰：

> 王維畫山水松石，似吳生，而風標特出。京師西塔院有《輞川
>
> 圖》，山谷鬱鬱，雲水飛動。〔註2〕

而王維在為自己畫的寫真像中，松樹也與其相伴。水際石上，枯松一株。

3、韋偃、韋鑒、韋鑾

多本書籍中均有韋偃及家中父親及叔父均善畫松樹的記載。

《唐朝名畫錄》：韋偃……畫高僧、松石、鞍馬、人物，可居妙上品，山

〔註1〕陳高華編，《隋唐畫家史料》，文物出版社，1987年10月。第110頁。
〔註2〕同上書第257頁。

水、人物可居能品。〔註3〕

　　此外《畫史》、《困學齋雜錄》、《畫鑒》等古籍中均提及他畫松的作品。而韋鑾，在《歷代名畫記》卷十中提到：鑒弟鑾，工山水松石……〔註4〕又《宣和畫譜》中提及：韋偃父鑾，善畫山水，松石。〔註5〕且當時韋偃曾作「戲爲《雙松圖》」一詩，至今仍流傳千古。

4、王宰

　　據《太平廣記》卷二百十三《王宰》中記載：

　　　　唐王宰者家於西蜀。貞之中，韋皋以客禮待之。畫山水樹石，出於象外。故杜甫贈歌云：「十日畫一松。五日畫一石。能事不受相促迫，王宰始肯留眞迹。」又嘗於席夔廳見圖一障。臨（「臨」原作「陵」，據明抄本改。）江雙松一柏，古藤縈繞。上盤半空，下著水面。千枝萬葉，交查屈曲，分佈不離。或枯或茂，或垂或直。葉疊千重，枝分四面。精人所難，凡目莫辨。又於興善寺見畫四時屏風，若移造化。風候雲物，八節四時，於一座之内，妙之至也。山水松石。並上上品。〔註6〕

5、張璪

　　張璪筆下的松石作品甚多，在《唐朝名畫錄》、《太平廣記》、《宣和畫譜》、《圖繪寶鑒》等眾多史籍中均有詳細記載。作品包括《松石圖》、《松林高僧圖》等。且有《畫松》一詩專門描述張璪畫松的風格：

　　　　張璪畫古松，往往得神骨。翠帚掃春風，枯龍戛寒月。流傳畫師輩，奇態盡埋沒。纖枝無蕭灑，頑幹空突兀。乃悟埃塵心，難狀煙霄質。我去淅陽山，深山看眞物。〔註7〕

6、畢宏

　　在《杜工郭詩集》卷四中，關於畢宏畫松的詩詞如今膾炙人口：

　　　　天下幾人畫古松，畢宏已老韋偃少。〔註8〕

〔註3〕同上書第 290 頁。
〔註4〕陳高華編，《隋唐畫家史料》，文物出版社，1987 年 10 月。第 291 頁。
〔註5〕同上書第 292 頁。
〔註6〕同上書第 301 頁。
〔註7〕同上書第 341 頁。
〔註8〕陳高華編，《隋唐畫家史料》，文物出版社，1987 年 10 月。第 345 頁。

而《唐朝名畫錄》及《歷代名畫記》中對畢宏的描述中也提及他攻松石，經常在廳壁之上畫松石圖案，被定爲能品上。

7、劉商

《唐朝名畫錄》對其記載中說到劉商愛畫松石、樹木，且性格高邁。雖然至今其作品已然不可尋，但從他的幾首題畫詩中，我們不難看出，當時他的繪畫題材是與松樹緊密相連的。現舉一例：

> 畫樹後呈濬師
> 翔鳳邊風十月寒，蒼山古木更摧殘。
> 爲君壁上畫松柏，勁雪嚴霜君試看。〔註9〕

8、朱審

雖然古書中對他的記載極少，但仍可從《唐朝名畫品》中對他繪畫風格描述中略知一二。朱審極喜歡畫山水，畫面中除山水之外，也經常將竹子與松樹描繪在同一畫面之中。

9、道芬

僧人道芬，善畫松石。且在《全唐詩》中有多首其畫松樹的題畫詩記載。

10、李昇

《畫史》中曾記載購得李昇山水畫一幅，作品細秀而潤，有危峰、小橋、飛瀑相伴，且畫面中有松樹三十餘株……。

此十二位畫家佔了隋唐畫家總人數的百分之二十八，且在他們之中，除了張璪、韋偃、畢宏之外，其餘畫松畫家的松樹題材作品也並不多產。

而到了宋代，由於此朝代時間跨度悠久，且又涉及到同時並存的遼、金兩個少數民族國家，因此這個時期畫家眾多，據《宋遼金畫家史料》中記載的畫家就有八十八人之多。而這些畫家之中，又究竟有多少人畫過與松樹題材有關的作品呢？據整理，以下畫家的作品中曾出現松樹這一題材。

1、董源

南方山水畫派的領軍人物董源，多做江南風光，在《宣和畫譜》中曾記載其筆下作品多次出現與松樹有關題材，如《松峰圖》、《松檟平遠圖》等。

〔註9〕同上書第347頁。

2、荊浩

荊浩在其的著名理論著作《山水訣》中多次詳細反覆闡述如何在山水作品中描繪松樹。自然在他的作品中也少不了松樹題材的作品。雖今存世松樹作品已甚少，但在《宛陵先生集》卷十五中曾提到在王原叔的宅內就曾經見過荊浩的山水畫作品，作品之上：「老松瘦樹無筆蹤，巧奪造化何能窮。」〔註10〕

3、李成

宋人有「三家山水」之說，所謂三家即李成、關仝、范寬。李成屬於宋代北方山水畫派的領軍人物，筆下山水畫中自然不乏松樹的身影。有《小寒林》（見圖19）等圖傳於世。雖作品中直接以松樹命名的作品不多見，但在其作品之中松樹卻是極爲常見的山水畫題材之一。

4、郭忠恕

郭忠恕實乃宋代著名的界畫畫家，因爲松樹也有仙道逸氣的象徵含義，所以在他的作品中，也經常出現將房屋樓閣置於松海之中的圖景。代表作品爲《萬松仙館圖》、《明皇避暑宮圖》（見圖20）。

5、巨然

僧人巨然，善畫山水，筆墨秀潤，尤其善作煙嵐氣象於峰巒之中。山水作品中提及松樹的有《萬壑松風圖》（見圖21）、《泉岩老柏圖》、《松吟萬壑圖》、《雙松平遠圖》等。

6、許道寧

許道寧學李成畫山水林木，擅長寒林平遠，亦畫松石。他的作品中似乎山水畫中涉及到松樹題材並不常見，但是經常以松石單獨作爲入畫題材來創作。

7、燕肅

燕肅，在北宋任三品官。既爲精明能幹之官吏，亦是一個博學多聞的學者，此外在繪畫創作上也有所建樹。雖然在中國美術史上，燕肅實乃名不見經傳的一名小畫家，但在記載中，他爲數不多的作品中也不乏松樹類的作品。雙松、松石都爲他的創作題材。

〔註10〕陳高華編，《宋遼金畫家史料》，文物出版社，1984年3月。第70頁。

8、郭熙

郭熙是個畫師，長於山水寒林，他亦師承李成，但又有所發明創造，可謂：「得雲煙出沒、峰巒隱顯之態，布置筆法，獨步一時。」〔註11〕他筆下的松樹往往置身於山水之中，不同環境下的松樹表現出不同的風格及意義

9、蘇軾

作爲宋代士大夫畫家領軍人物的蘇東坡，山水畫作品流傳甚少，但其對枯木竹石爲題材的作品情有獨鍾，觀史料也可得知。除了以上這些常見題材之外，蘇軾也有少部分松石或松樹題材的作品傳世。如《松石》圖。

10、王詵

王詵爲北宋貴族子弟，與蘇東坡黃庭堅等文人畫家有交情。他以山水畫見長，但也能畫人物。山水作品既有水墨風格也能作著色山水作品。《宣和畫譜》記載其作品三十五幅，其中就有《松路入仙山》、《老松野岸》等松樹題材山水畫作品。

11、李公麟

李公麟的畫有以下幾個突出的特點。(1)多數畫家專精一科，而李公麟則是一個多面手，釋道、人物、鞍馬、花鳥、山水，無所不精，特別是鞍馬和人物，超過了前代名家，這也是大家公認的。(2)他創造性的發展了「白描」的畫法，不用色彩，僅以墨筆勾勒線條來表現事物。(3)他的畫以立意爲先，布置緣飾其次。在其著名作品《西園雅集圖》，（見圖 77）可見孤松盤鬱，上有凌霄纏絡，紅綠相間。更有文人坐於盤根古檜之下，更顯仙道之意。

12、廉布

廉布生活於北宋末至南宋年間。工山水、林石，作水墨畫，學蘇軾。南宋前期的繪畫風格，大致可以分爲兩類。一類是畫院畫師，其代表人物是李唐、蕭照；一類是文人，其代表人物是廉布、楊補之。宋代所謂文人畫的主要特點，一是水墨，二是寫意。廉布的作品即爲此種風格。可惜的是，今天其作品已難覓眞迹。僅在古籍中提及他松樹題材的畫作一二。

13、趙伯駒、趙伯驌

趙氏兄弟是宋朝宗室，其祖父曾與蘇軾、黃庭堅等交遊。兩兄弟皆妙於

〔註11〕陳高華編，《宋遼金畫家史料》，文物出版社，1984 年 3 月。第 97 頁。

丹青。作品以青綠山水爲主，在當時已譽盛名。趙伯驌的傳世名作《萬松金闕圖》即爲松樹題材作品。

14、李唐

李唐在宋代繪畫史上是一個承前啓後的人物，上接北宋畫院之餘緒，下開南宋院畫之風氣。他博學多才，山水、人物、禽獸、界畫無所不能，而這其中又以山水畫和人物故事畫最爲出衆。宋高宗對他的畫藝極爲讚賞，認爲：「李唐可比李思訓」。李唐的傳世代表作中，最爲精彩的作品非《萬壑松風圖》莫屬。此圖既是山水畫又屬於松樹題材作品。

15、劉松年

劉松年，南宋畫院待詔。南宋畫院的畫師們大都兼長山水、人物，這個傳統是由李唐開始的。對人物畫的重視，是南宋畫院與北宋畫院不同的特點之一。劉松年與馬遠、夏圭齊名，在這兩方面都有較高的成就。從歷代著錄的作品名目來看，劉松年畫過相當一部分與松樹題材有關的作品。但可惜的是至今流傳下來的作品已經不多。唯獨在《四景山水圖》中還能瞥見松樹的身影。（見圖 78）

16、馬麟

馬麟爲馬遠之子，傳世代表作《靜聽松風圖》正切合松樹這一題材。

17、王庭筠

王庭筠，金朝畫家，也是著名文學家及書法家。曾經以古柏爲題創作過水墨作品。

根據以上材料的整理分析，我們可以看到：宋代雖然時代久遠，畫家輩出，但是以松樹爲題材入畫的畫家人數卻反而減少，只占整個畫家群體的百分之十九左右。

附錄二：元代松樹圖存世概況表

　　據《中國古代書畫圖錄》、臺北《故宮書畫圖錄》、日本鈴木敬等《中國古代書畫總合圖錄》及《續編》所載元代文人繪畫之中，關於描繪松樹的作品可以分爲這麼四類，一、單獨描繪松樹；二、補山水；三、補人物；四、補人物山水。具體畫松之畫家及作品詳細見下表。

作品名稱	作者	材質	尺寸 縱×橫(cm)	收藏地	補
幽居圖	錢選	卷，絹本設色	27×115.9	北京故宮博物院	人物山水
山居圖	錢選	卷，絹本設色	26.5×111.6	北京故宮博物院	山水
雙松圖	李衎	軸，絹本設色	156.7×91.2	臺北故宮博物院	無
春山晴雨圖	高克恭	軸，絹本設色	125.1×99.7	北京故宮博物院	山水
春山欲雨圖	高克恭	軸，絹本設色	101×105.5	上海博物館	山水
雲橫秀嶺圖	高克恭	軸，絹本設色	182.3×106.7	臺北故宮博物院	山水
幼輿丘壑圖	趙孟頫	卷，絹本設色	27×116.8	美國普林斯頓 大學博物館	人物山水
雙松平遠圖	趙孟頫	卷，紙本設色	26.7×107.3	美國大都會藝術 博物館	人物山水
江村漁樂圖	趙孟頫	卷，絹本水墨	28.9×29.8	紐約 C.C.WANG	人物山水
春山圖	商琦	卷，絹本水墨	39.6×214.5	北京故宮博物院	山水
天池石壁圖	黃公望	軸，絹本設色	139.4×57.3	北京故宮博物院	山水
富春山居圖 剩山圖	黃公望	卷，紙本墨筆	31.8×51.4	浙江省博物館	山水
丹崖玉樹圖	黃公望	軸，紙本設色	101.3×43.8	北京故宮博物院	山水

水閣清幽圖	黃公望	軸，紙本墨筆	104.7×67	南京博物院	山水
疏松幽岫圖	曹知白	軸，紙本墨筆	74.5×27.8	北京故宮博物院	山水
松亭圖	曹知白	軸，紙本墨筆	48×36.4	美國國立東方美術館	山水
雙松圖	曹知白	軸，絹本墨筆	132.1×57.4	臺北故宮博物院	無
雙松圖	吳鎮	軸，絹本墨筆	180.1×111.4	臺北故宮博物院	山水
松泉圖	吳鎮	軸，紙本墨筆	105.6×31.7	南京博物院	山水
松石圖	吳鎮	軸，紙本墨筆	101×45.8	北京故宮博物院	山水
松石圖	吳鎮	軸，紙本墨筆	103.6×30.7	上海博物館	石頭
谿山高隱圖	吳鎮	軸，絹本墨筆	160.5×73.4	北京故宮博物院	山水
秋江漁隱圖	吳鎮	軸，絹本墨筆	189.1×88.5	臺北故宮博物院	山水人物
洞庭漁隱圖	吳鎮	軸，紙本墨筆	146.4×58.6	臺北故宮博物院	山水人物
喬松竹石圖	李士行	軸，絹本墨筆	181.9×106.4	臺北故宮博物院	無
渾淪圖	朱德潤	卷，紙本設色	29.7×86.2	上海博物館	石頭
秀野軒圖	朱德潤	卷，紙本設色	28.3×210	臺北故宮博物院	山水人物
林下鳴琴圖	朱德潤	軸，絹本設色	120.8×58	臺北故宮博物院	山水人物
松溪釣艇圖	朱德潤	卷，紙本墨筆	31.5×52.6	北京故宮博物院	山水人物
秋林垂釣圖	朱德潤	軸，絹本墨筆	28.1×26.6	北京故宮博物院	山水人物
松澗橫琴圖	朱德潤	扇面，絹本墨筆	24.7×26.9	臺北故宮博物院	山水人物
松蔭聚飲圖	唐棣	軸，絹本設色	141.4×97.1	上海博物館	山水人物
霜浦歸漁圖	唐棣	軸，絹本設色	144×89.7	臺北故宮博物院	山水人物
長松高士圖	唐棣	軸，絹本設色	157.6×111	四川省博物館	山水人物
六君子圖	倪瓚	軸，紙本墨筆	61.9×33.3	上海博物館	山水
幽澗寒松圖	倪瓚	軸，紙本墨筆	59.7×50.2	北京故宮博物院	山水
松林亭子圖	倪瓚	軸，絹本墨筆	83.4×52.9	臺北故宮博物院	山水
疏林圖	倪瓚	軸，紙本墨筆	69.8×58.5	日本大阪市立美術館	山水
雙鈎竹及松石圖卷	張遜	卷，紙本墨筆	43.4×66.8	北京故宮博物院	竹石
夏日山居圖	王蒙	軸，紙本墨筆	118.4×36.5	北京故宮博物院	山水
春山讀書圖	王蒙	軸，紙本設色	132.4×55.5	上海博物館	山水人物
太白山圖	王蒙	卷，紙本設色	28×238.2	遼寧省博物館	山水
丹山瀛海圖	王蒙	卷，紙本設色	28.5×80	上海博物館	山水人物
夏山高隱圖	王蒙	軸，絹本設色	149×63.5	北京故宮博物院	山水

葛稚川移居圖	王蒙	軸，紙本設色	139.5×58	北京故宮博物院	山水人物
溪山風雨圖	王蒙	冊頁，紙本墨筆	28.3×40.5	北京故宮博物院	山水人物
西郊草堂圖	王蒙	軸，紙本設色	97.5×27.2	北京故宮博物院	山水人物
松山書屋圖	王蒙	軸，絹本淡著色	113×51.7	臺北故宮博物院	山水人物
松風泉石圖	王蒙	軸，紙本淺設色	88.8×38.8	臺北故宮博物院	山水
松蔭草閣圖	王蒙	軸，絹本淺設色	136.8×59	臺北故宮博物院	山水人物
松崖飛瀑圖	王蒙	軸，紙本淺設色	137.6×37.2	臺北故宮博物院	山水
坐聽松風圖	王蒙	軸，紙本著色	155.7×30.2	臺北故宮博物院	山水人物
松壑樓居圖	王蒙	軸，紙本淡著色	154×46	臺北故宮博物院	山水
山中歸隱圖	王蒙	軸、紙本淡著色	140.7×53.4	臺北故宮博物院	山水
松窗高士圖	王蒙	軸，紙本淡著色	107.4×32.6	臺北故宮博物院	山水
長松飛瀑圖	王蒙	軸、紙本著色	143.2×32.5	臺北故宮博物院	山水
幽壑聽泉圖	王蒙	軸，水墨紙本	129×51	個人	山水
松壑雲濤圖	王蒙	軸，紙本淺設色	36.8×58.6	日本大阪市立美術館	山水
層巒蕭寺圖	王蒙	軸，水墨紙本	縱 353×129	個人	山水
泉聲松韻圖	王蒙	軸，紙本水墨	51.5×60.6	日本長尾欽彌	山水
松溪釣隱圖	王蒙	頁，紙本水墨	30.7×22.8		山水人物
松下獨坐圖	王蒙、倪瓚	軸，水墨紙本			山水人物
山居圖	錢選	卷，紙本設色	26.5×111.6	北京故宮博物院	山水
幽居圖	錢選	卷，絹本設色	27×115.9	北京故宮博物院	山水人物
臨李龍眠九歌圖	張渥	卷，紙本墨筆	29×523.5	吉林省博物館	人物
竹西草堂圖	張渥	卷，紙本墨筆	27.4×81.2	遼寧省博物館	山水人物
江山雪霽圖	吳瓘	卷，紙本墨筆	30×58.3	北京故宮博物院	山水人物
林塘曉色圖	吳瓘	卷，紙本墨筆	30×54	北京故宮博物院	山水
故事山水圖雙幅	盛懋	軸，絹本設色	166×104	日本京都本法寺	山水人物
松石圖	盛懋	軸，紙本墨筆	77.4×27.2	北京故宮博物院	石頭
仙山樓觀圖	陸廣	軸，絹本設色	137.5×95.4	臺北故宮博物院	山水人物
溪亭山色圖	陸廣	軸，紙本墨筆	89.1×25.4	上海博物館	山水人物
楊竹西小像	王繹、倪瓚	卷，紙本墨筆	27.7×86.8	北京故宮博物院	人物
瀟湘八景圖	張遠	卷，絹本設色	19.3×519	北京故宮博物院	山水人物

寒江獨釣圖	柯久思	方形，絹本設色	27.6×27.6	日本個人	山水人物
樓閣山水圖雙幅	孫君尺	軸，絹本設色	141.4×59	日本靜嘉堂文庫美術館	山水樓閣
揭缽圖	朱玉	卷，紙本白描	27.7×111.4	浙江博物館	人物
雙勾竹及松石圖卷	張遜	卷，紙本墨筆	43.4×668	北京故宮博物院	竹石
松溪釣艇圖	趙雍	卷，紙本墨筆	30×52.8	北京故宮博物院	山水人物
松亭會友圖	王淵	軸，絹本墨筆	86.9×49.3	臺北故宮博物院	山水人物
枯木圖雙幅	子庭祖柏	軸，絹本墨筆	115.5×50.7	日本個人	樹木
中峰明本像	顏輝	軸，絹本設色	123.5×51.2	日本京都慈照院	人物
千岩元長像	顧善之	軸，絹本設色	97.6×48.1	日本個人	人物
白衣觀音像	月壺	軸，絹本墨筆	87.5×46.1	日本大阪市立美術館	人物
隔岸望山圖	趙衷	卷，紙本墨筆	30×50.1	北京故宮博物院	山水人物
歲寒圖	楊維禎	軸，紙本墨筆	98.1×32	臺北故宮博物院	無
滄浪獨釣圖	盛著	軸，紙本墨筆	63×30.7	旅順市博物館	山水人物
扁舟傲睨圖	無款	軸，絹本設色	166×111.9	遼寧省博物館	山水人物
遙岑玉樹圖	無款	軸，紙本設色	97.4×41.2	北京故宮博物院	山水人物
東山絲竹圖	無款	軸，絹本設色	187.5×43.7	北京故宮博物院	山水人物
松溪林屋圖	無款	軸，絹本設色	168×103	南京博物院	山水人物
青山畫閣圖	無款	軸，絹本設色	170×103	朵雲軒	山水人物
山水圖	無款	軸，絹本設色	168×97	中央美院	山水
松齋靜坐圖	無款	軸，絹本設色	170×106.7	南京博物院	山水人物
山水圖冊	無款	卷，紙本設色	27.4×33.1	北京故宮博物院	山水
松蔭策杖圖	無款	卷，絹本設色	28×28.7	北京故宮博物院	山水人物
松泉高士圖	無款	卷，絹本設色	24×27.3	北京故宮博物院	山水人物
四烈婦圖	無款	卷，絹本設色	24×53	遼寧省博物館	山水人物
羅漢圖卷	無款	卷，紙本墨筆	30×960	西泠印社	人物
松壑層樓圖	無款	軸，絹本設色	25.6×22.1	北京故宮博物院	山水人物
四睡圖	無款	軸，紙本墨筆	77.8×34.3	日本東京國立博物館	人物
羅漢圖	無款	軸，絹本設色	120×54	日本東京國立博物館	人物

附錄三：論文引用圖錄

作品名稱	作者	材料	尺寸 縱×橫(cm)	收藏地
竹林七賢與榮啓期畫像磚	南京西善橋墓出土，324 塊磚拼嵌而成	磚	80×240	拓本南京博物院
遊春圖	（隋）展子虔	卷，絹本設色	43×80.5	故宮博物院
江帆樓閣圖	（唐）李思訓	軸，絹本設色	101.9×54.7	臺北故宮博物院
明皇幸蜀圖	（唐）李昭道	軸，絹本設色	55.9×81	臺北故宮博物院
宮苑圖	（唐）佚名	卷，絹本設色	23.9×77.2	北京故宮博物院
文苑圖	（唐）韓滉	卷，絹本設色	37×58.5	北京故宮博物院
匡廬圖	（五代）荊浩	軸，絹本墨筆	185.8×106.8	臺北故宮博物院
萬壑松風圖	（五代）巨然	絹本墨筆	200.7×70.5	上海博物館
海嶽庵圖	（宋）米芾	手卷，紙本設色		
早春圖	（宋）郭熙	軸，絹本設色	158.3×108.1	臺北故宮博物院
歲寒三友圖	（宋）趙孟堅	扇面，絹本墨筆	24.3×23.3	上海博物館
萬松金闕圖	（宋）趙伯驌（該圖無款）	卷，絹本設色	27.7×136	北京故宮博物院
西園雅集圖	（宋）李公麟	卷，紙本水墨	26.5×406	已拍賣，不詳
四景山水圖	（宋）劉松年	卷，絹本設色	41.3×67.9 至 69.5	北京故宮博物院
枯木竹石圖	（宋）蘇軾	紙本水墨	26.5×50.5	
松溪泛月圖	（宋）馬遠	紈扇，絹本設色	24.7×25.2	北京故宮博物院

靜聽松風圖	（宋）馬麟	軸，絹本設色	226.6×110.3	臺北故宮博物院
松下高士圖	（宋）馬遠			
小寒林圖	（宋）李成	軸，絹本墨筆	40×72	遼寧省博物館
明皇避暑宮圖	（宋）郭忠恕	軸，絹本墨筆	160.2×105.6	日本大阪國立美術館
寒林圖	（宋）李成	軸，絹本水墨	180×104	臺北故宮博物院
百鶴圖	（明）呂紀	卷，絹本設色	36×975	
石湖圖	（明）文徵明	卷，紙本設色		北京故宮博物院
長江萬里圖局部	（明）吳偉	絹本水墨	27.8×976.2	北京故宮博物院
歲寒三友圖	（明）唐寅	軸		北京故宮博物院
仿倪瓚松亭秋色圖	（明）董其昌	軸，紙本設色	138×53.5	
幽居圖	（元）錢選	卷，絹本設色	27×115.9	北京故宮博物院
山居圖	（元）錢選	卷，紙本設色	26.5×111.6	北京故宮博物院
雙松圖	（元）李衎	軸，絹本設色	156.7×91.2	臺北故宮博物院
春山晴雨圖	（元）高克恭	軸，絹本設色	125.1×99.7	北京故宮博物院
春山欲雨圖	（元）高克恭	軸，絹本設色	101×105.5	上海博物館
雲橫秀嶺圖	（元）高克恭	軸，絹本設色	182.3×106.7	臺北故宮博物院
幼輿丘壑圖	（元）趙孟頫	卷，絹本設色	27×116.8	美國普林斯頓大學博物館
雙松平遠圖	（元）趙孟頫	卷，紙本設色	26.7×107.3	美國大都會藝術博物館
春山圖	（元）商琦	卷，絹本設色	39.6×214.5	北京故宮博物院
天池石壁圖	（元）黃公望	軸，絹本設色	139.4×57.3	北京故宮博物院
富春山居圖.剩山圖	（元）黃公望	卷，紙本墨筆	31.8×51.4	浙江省博物館
水閣清幽圖	（元）黃公望	軸，紙本墨筆	104.7×67	南京博物院
雙松圖	（元）曹知白	軸，絹本墨筆	132.1×57.4	臺北故宮博物院
疏松幽岫圖	（元）曹知白	軸，紙本墨筆	74.5×27.8	北京故宮博物院
松亭圖	（元）曹知白	軸，紙本水墨	48×36.4	法國吉美國立東方美術館
松石圖	（元）吳鎮	軸，紙本墨筆	101×45.8	北京故宮博物院
洞庭漁隱圖	（元）吳鎮	軸，紙本墨筆	146.4×58.6	臺北故宮博物院

雙松圖	（元）吳鎮	軸，絹本墨筆	180.1×111.4	臺北故宮博物院
松亭會友圖	（元）王淵	軸，絹本墨筆	86.9×49.3	臺北故宮博物院
松溪釣艇圖	（元）趙雍	卷，紙本墨筆	30×52.8	北京故宮博物院
松泉圖	（元）吳鎮	軸，紙本墨筆	105.6×31.7	南京博物院
漁夫圖	（元）吳鎮	軸，絹本墨筆	84.7×29.7	北京故宮博物院
中山圖	（元）吳鎮	卷，紙本墨筆	26.4×90.7	臺北故宮博物院
喬松竹石圖	（元）李士行	軸，絹本墨筆	181.9×106.4	臺北故宮博物院
渾淪圖	（元）朱德潤	卷，紙本設色	29.7×86.2	上海博物館
秀野軒圖	（元）朱德潤	卷，紙本設色	28.3×210	北京故宮博物院
林下鳴琴圖	（元）朱德潤	軸，絹本設色	120.8×58	臺北故宮博物院
松溪釣艇圖	（元）朱德潤	卷，紙本墨筆	31.5×52.6	北京故宮博物院
秋林垂釣圖	（元）朱德潤	軸，絹本墨筆	28.1×26.6	北京故宮博物院
霜浦歸漁圖	（元）唐棣	軸，絹本淺設色	144×89.7	臺北故宮博物院
六君子圖	（元）倪瓚	軸，紙本墨筆	61.9×33.3	上海博物館
幽澗寒松圖	（元）倪瓚	軸，紙本墨筆	59.7×50.2	北京故宮博物院
雙鉤竹及松石圖卷	（元）張遜	卷，紙本墨筆	43.4×66.8	北京故宮博物院
夏日山居圖	（元）王蒙	軸，紙本墨筆	118.4×36.5	北京故宮博物院
春山讀書圖	（元）王蒙	軸，紙本設色	132.4×55.5	上海博物館
葛稚川移居圖	（元）王蒙	軸，紙本設色	139.5×58	北京故宮博物院
溪山風雨圖	（元）王蒙	冊頁，紙本墨筆	28.3×40.5	北京故宮博物院
夏山山居圖	（元）王蒙	軸，絹本設色	149×63.5	北京故宮博物院
松山書屋圖	（元）王蒙	軸，絹本淡著色	113×51.7	臺北故宮博物院
松下獨坐圖	（元）王蒙、倪瓚	軸，水墨紙本	119.9×56.1	臺北故宮博物院
椿萱百齡圖	（清）李鱓	立軸，絹本設色	208×99	
松壑清泉圖	（清）弘仁	軸，紙本墨筆	134×59.5	廣東省博物館
宗林亭圖	（清）石濤			
松蔭空翠	（清）項聖謨	軸，紙本水墨	79×80	
松鶴圖	（清）沈銓	軸，絹本設色	226.5×114	上海博物館
松樹雙屏	（清）高其佩	軸，紙本水墨		
黃山奇松	（現代）朱宣咸	軸，紙本設色		
黃山松	（現代）潘天壽	軸，紙本設色	93×35	

附錄四：文中提及元代松樹圖賞析

一、錢選《幽居圖》及《山居圖》賞析

《幽居圖》，紙本設色，縱：27cm，橫115.9cm。

此圖為錢選所畫青綠山水作品之一。畫面中盡顯湖光山色靜謐幽淡之境。卷首，乃見秀石散落於湖邊岸角，後有蒼松虬曲盤旋。遠處村居民舍於樹石之間若影若現，錯落有致。再看向湖面，一葉小舟，緩緩穿梭於平靜的湖水中，兩岸碧峰相對出，群山環繞，此起彼伏，錯落參差有致。隱約於茂林中所見樓閣，樹石後隱現茅舍。此景、此境、此情、此趣正應了幽居之名。

圖中，錢選所繪山石樹木皆不作皴法，只用線條勾勒出其輪廓，再施青、綠、赭石等色。遠處山腳部偶用些許金粉，即刻在嚴謹工整中現出古拙秀逸之氣。圖中右上方可見其自題「幽居圖」三字。整張圖有印共29方，圖尾可見紀儀、紀堂、高士奇、邵松年等人的題跋。

《山居圖》，紙本設色，縱：26.5釐米，橫：111.6釐米。北京故宮博物院藏。

藏於北京故宮博物院的作品《山居圖》畫幅從左向右，畫境漸次展開，開端是大片空濛的水域，一葉扁舟蕩漾於湖面上。畫面中心部分是一組群山。山下綠樹成林，在樹叢的簇擁下，一處恬適的小院開啟著柴門，而在房中卻空無一人。沿院後小路徑直尋去，在不遠的前方主人正騎著白馬，帶著小童，跨過橋，去到左岸相鄰的小島上。對岸蒼松數株，挺立在岩上，岩下雜樹茅舍，的確是一個恬靜優美的隱逸之境。在這幅作品中，我們注意到，錢選所

運用的繪畫語言形式與魏晉時期顧愷之的古拙畫風頗爲相似，此外《山居圖》與《幽居圖》雖然構圖相異，但在用筆、設色等處卻同出一源，兩者堪爲「雙璧。

　　錢選的山水畫作品多爲青綠設色爲主，近學南宋趙伯駒，遠師隋代展子虔、唐代李昭道。筆墨的運用古拙有趣，設色卻又於典雅之中不失明麗，畫面結構布局張弛有度，疏密有序，風格上自成一體。在題材的選擇方面，錢選漸漸地趨向於以「隱逸」爲旨的主題，因此松樹自然是這些作品中具有隱逸含義的最佳創作對象。

二、李衎《雙松圖》賞析

　　《雙松圖》，絹本水墨，縱 132.1 釐米，橫 57.4 釐米。臺北故宮博物院藏。

　　李衎，工於畫枯木竹石，尤善畫竹，雙鈎填色，與趙孟頫、高克恭並稱爲元初畫竹三大家，著有《竹譜詳錄》。然而，除了畫竹，在李衎的作品中，也不乏對松樹的描繪，業已失傳的《雙松圖》便出自於李衎之手。此圖繪雙松盤曲，挺立於土坡之上，樹的頂部枝繁葉茂，宛如龍首向天，老松蒼勁，虬枝四面生發，曲折而富有頑強之勢。再看其汁液，雖偶有向下生長，卻有向上昂揚的逆勢，頗具堅韌之力。那尖長的枝頭，更有錐刺之勢，彷彿狂野的龍爪。而虬枝上疏密相間的簇葉，如帚形蛟緊抱枝幹，給雙松增添了鬱鬱蔥蔥，奮發向上的氣韻，挺立而秀拔。圖下半部承受冠蓋的松樹主幹，因此更顯得具有擎天負重的氣宇，雖然障節疤洞累累，歷經歲月滄桑，卻依然蓬勃生發，呈現出高傲的氣質。而圖下半部畫家又綴以落葉的枯木，反襯出雙松鬱勃脫俗。李衎的《雙松圖》，表達出松樹的高潔，與其所繪墨竹同樣具有擬人傳神的內涵，流露出追求高雅貞潔的意趣，抒寫了胸中丘壑。他的畫作，也讓人自然聯想起宋人李成《寒林平野圖》那目空一切，偉岸獨立，虬松向天的意境。李衎將松視爲「全德君子」，將尊松之情融入畫面之中，賦予松以生命，追求一種蘊籍、自然、象徵人物品德高潔的內在美。

三、西域畫家高克恭《春山晴雨圖》、《春山欲雨圖》賞析

　　《春山晴雨圖》絹本，淺設色，縱 125.1 公分，橫 99.7 公分。臺北故宮博物院藏。畫中自題：「歲在庚子九月廿日爲伯圭畫春雲曉靄圖，房山道人。」下鈐「高彥敬印」一方。庚子爲元大德四年，即公元 1300 年。此圖係高氏五十三歲時作品。裱邊有蔣國榜、李健等題記，鈐「愚公」、「蘇氏昌齡」、「朱

氏澤民」、「柳氏叔雅」等藏印多方。此幅圖中雖因年代久遠，可見多出傷補，但並不妨礙從中窺見高克恭中年時期山水畫之風貌。

此圖描繪了春天，濛濛細雨之後，山色空濛的景象。遠近景物交替，近處，樹林繁茂，描畫細緻入微，遠處山水則概而寫之，簡潔明瞭。畫面中雲煙環繞，飛瀑躍然而下，溪舟老樹，山間半露亭臺，山中煙雲飄渺。圖中山石用概括寫意的筆法，信手寫之。山頂多岩石，石態好似蘑菇。山勢雄壯，氣象鬱蒼。前景所繪松樹，樹幹用雙鉤填色，針葉向著天空、用墨色加花青渲染，煙雲掩映其間。用筆圓渾凝重，畫風霸氣側漏，米氏的風格隱約可見卻又不失高氏畫法的個性，兼容並蓄，渾然天成。三遠法在該圖中，運用自如，前景筆墨濃重，中景則略顯輕淡，水天層次分明，遠景卻是以虛代實，虛實交融。此圖善用雲煙的描繪來渲染氣氛，畫面中表現出雲煙在不同季節的不同變化，觀察之細，表現之豐富乃前人不可及之處。高克恭當年於南方做官，鍾情於錢塘地區的山山水水，水汽氤氳的感覺經常呈現在他的畫面之中，也許正應如此，因此多傚仿米芾、米友仁在江南身臨其境而創作的「米氏雲山」。在這幅《春山晴雨圖》中，高克恭筆下的煙雲充滿了「墨戲」之意。構圖取自董源之筆，用渾厚的筆墨畫山，用縹緲的筆觸寫水，無論山水煙嵐都細緻地做了留白處理，隱約朦朧，清新淡雅，既致敬於「偶像」，又採眾家之所長。雖畫中並無十足個性也或許不如其他名家巨匠畫面之出類拔萃，但其對於山水畫面的風格追求卻一目了然，畫為心境，亦不過此也。

《春山欲雨圖》絹本設色，縱 107 釐米，橫 100.5 釐米。上海博物館。

該圖表現的是春天，春雨欲來的山水景色。畫面為遠山近樹的縱軸構圖。畫面中前景的筆墨較為濃重，而中景及後景則用筆墨輕描淡寫，遠近層次分明。畫中山巒之境的描繪均與高克恭的代表作《雲橫秀嶺》中山峰的造型頗為相似。而近景中的樹則排列整齊。山坡叢林間偶而有溪水流出，松樹柏樹並肩立於石間，兩者形象尤其高大挺拔，在整個畫面中位於主要位置，而其他叢樹則圍繞在它們兩側，傍依斜出，與松樹形成鮮明的對比。再看樹下的山石，多用皴法構成，筆法比較剛硬。而松樹的枝葉松針卻是用濃墨，順著針葉的長勢勾勒而成，松針並不是根根分明，而是順勢而為之，顯得自然生動。除了松柏之外的雜樹，則都用水墨暈染而成，這種在筆墨技法上的不同處理，更加表現出不同樹種的明顯區別，另外在繪畫技法上也富有更多的變化。兩幅和松樹有關的作品，意境及構圖都極為開闊。松樹位於畫面的主要

位置，其亭亭氣概，高聳雲霄，氣壯山河。望之儼然爲頂天立地不懼風寒的
大丈夫，此番作品之中抱節自屈於幽谷，不失爲具有「冰霜操」之高人逸士
的象徵。

四、趙孟頫《雙松平遠圖》、《幼輿丘壑圖》賞析

　　《雙松平遠圖》，紙本淺著色，縱：26.7 釐米，橫 107.3 釐米，藏於美國
大都會藝術博物館。此畫卷首自題「子昂戲作雙松平遠」，卷尾又題「儀自幼
小學書之餘，時時戲弄小筆，然於山水獨不能工。蓋自唐以來，如王右丞、
大小李將軍、鄭廣文諸公奇絕之迹，不能一二見。至五代荊、關、董、范輩
出，皆與近世筆意遼絕。儀所作者，雖未敢與古人比，然視近世畫手則自謂
稍異耳。因野雲求畫，故書其末。孟頫」《大觀錄》、《墨緣彙觀》、《無益有益
齊讀畫詩》等書均有對此圖之著錄。

　　該圖中近景處繪有兩株喬松及與其相連的枯木坡石，將前景融爲一體首
先映入觀者視線。只見圖中畫面映入眼簾的兩株古松姿態各異。一株參天挺
立，昂首向上，而另一株則彎曲盤旋，貼於面。樹前的坡石嶙峋，與兩棵松
樹相互襯映。細細觀察，松樹腳邊的石縫之中還掙扎著長出一些生命力頑強
的無名雜木，實乃是驚喜。畫面的中景選用了開闊的水域以及與前景隔水相
望的構圖，表現空靈、簡潔、清曠之意境。只見清澈的水面漂浮著一葉小舟，
舟上載有漁翁，隨波逐流，看似無意乃點睛之筆。遠景則是隔水相望的岸邊，
雲氣縹緲間偶現沙洲重山的點點身影。整幅作品在畫法上將書法的意趣以及
文人畫的趣味融爲一體。畫中無論立於怪石之上的蒼松亦或是遠處的平坡矮
山，都不加皴染，間有飛白。畫松樹則細筆雙鉤，簡單雅致又不失風韻，令
人感受到濃厚的文人趣味。從作品中，我們不難看出趙孟頫一心想略過南宋
的院體畫風而直溯唐、五代諸大家。以此圖中趙所繪的樹石的造型特徵爲例，
我們不難從中看出，此圖畫面的部分受到了宋代李成、郭熙所繪的松樹的影
響又在此基礎上加以改變，從而形成自己的風格。《雙松平遠圖》中將近景中
擺在主要位置的松樹與遠處的山水之間拉開一定的距離，形成二次聚焦的效
果，用典型的橫卷式構圖形式入畫，其間再配以趙氏特有的以書入畫的勾線
式筆法，以此來成就他「若無古意，雖工無益」的風格。這與北宋的李郭
風格有著異域同工之妙，也可以說是在自己的固有風格模式上的突破與創
新。

　　如果說趙氏的《雙松平原圖》是學習了北宋的郭熙畫法，那在圖中明顯也能感覺到趙孟頫求同存異的變化風格。郭熙的作品中往往更願意去描繪樹木的繁盛，森林的茂密以及雲煙變化的不同效果，以此寫胸中逸氣。而趙孟頫在此基礎上將畫法加以改變，不再是僅僅圍繞著雲煙變幻來描繪，而將注意力都集中在他筆下的山石樹木之中。在用筆用墨方面，趙氏給人的感覺比較隨意，整幅畫面基本只用線條來勾畫出不同景物的形狀。他所繪的松樹，感覺上只用了一根線來勾勒完成，在主線的基礎上又將線條充分的延展開來，讓其隨意又有秩序的遊走於整幅畫面之中，營造出一幅完整的構圖。無論是繪者還是觀者在欣賞畫面的同時，首先就注意到畫面上流暢的線條運用，再次注意到畫面的意境，這幅作品的意境是建立於線條感之上的。李成、郭熙營造的畫面是一個可遊、可居的真實之境，而趙孟頫構想的畫面則是蘊含在線條之中的無限生機，給人留以遐想。兩個時代的繪畫風格可謂是各臻其妙，也預示了兩個不同時代審美趣味和技術的不同，但是不可否認，宋元這兩個時代都成為了山水畫的巔峰時期。此外，畫面中的樹石雖然只用淡墨略加渲染，再配以枯筆，將書法的筆觸融入畫面之中，完全捨棄皴法而使用筆觸來表現樹木雲煙縹緲變化的層次感。在作品中，用墨的技巧也恰如其分，乾濕濃淡運用自如，畫面中的些許留白又給人留下無限遐想空間。在此幅《雙松平遠圖》中，雖然我們還能隱約可見北宋大師李成、郭熙的作畫痕跡，但是明顯，趙孟頫已經在刻意改變，將痕跡淡化乃至於慢慢消失。作品中山石之間的關係，樹木之間的關係，處理方法都不盡相同，山水樹石之間用筆的轉換也非常自然，這些創新正是趙孟頫作為元代文人繪畫一代宗師的意義之所在。

　　趙孟頫特別強調作畫時的古意，這也是影響元代繪畫的重要理論基礎。從此圖中松樹的繪製方法上就不難看出趙孟頫追求摹古的思想。圖中的松樹多學宋代畫家的用筆方法。松樹樹杆多作瘦硬如曲鐵狀，用焦渴的墨點加之於松樹樹杆之上，使得樹杆給人感覺布滿龍鱗，如端人正士，浩氣凌然。針葉多用細筆淡墨點染。以半圓形松針為基礎，在此之上加以變化，用了直向參差排點的畫法，更加表現出松樹古老蒼鬱的風貌。這樣的松針畫法對筆力的要求非常高，「須以亂非亂，以筆力爽朗微妙」。整幅作品除了表現山水畫的意境之外，近景松樹的畫龍點睛更是暗喻了趙孟頫身在元朝，心向故宋的氣節所在。可謂是用心良苦之作。

　　《幼輿丘壑圖》長卷，絹本設色，縱 27.4 釐米，橫 116.8 釐米，美國普林斯頓大學美術館藏。此圖無款，但在畫中可見趙孟頫的一方印章，以及其子趙雍對此畫的題跋。在題跋中，趙雍指出，這幅作品爲其父親晚年時期所創作，應該繪於去北京任職之前，也就是公元 1286 年前後。此圖描繪的對象乃東晉時期的謝鯤。謝鯤，字幼輿，是東晉學者，他好老莊思想，善於演奏古琴，寄情於山林之中，曾說：「端委廟堂，使百僚準則，鯤不如亮，一丘一壑，自謂過之」這句話至今仍然被廣泛流傳。在趙孟頫之前，魏晉時期的著名畫家顧愷之就曾經描繪過關於謝鯤的作品。作品中畫家也將謝鯤置於山林丘壑之中，刻意用畫面中的自然背景來烘托主要人物的性格特徵，此作品一出，在人物畫萌芽的魏晉時期，曾深受好評。然顧愷之的作品早已亡逸，在此之後，趙孟頫有意摹古，模仿了當年顧愷之的繪畫風貌，重現該圖。趙孟頫的作品繪法古拙，學晉、唐風格，一洗宋人舊習，依循魏晉古老的繪畫格式。此圖爲橫軸，整幅作品布局構圖甚奇，畫中的地面與樹木沿著中軸線橫陳，一一向兩邊鋪展開來。前景處繪有與地面平行的溪流，且溪流左右兩端慢慢延伸，直至流向遠方。茫茫山川，蔭蔭松林之中，可見謝鯤坐在河岸邊的一張席子上，雙眼凝視著遠方，若有所思。值得關注的是，趙孟頫可以將謝鯤所處之地畫成一塊平地，周圍環繞著淺丘，這應該是早期山水畫中的一種做法，使得人們感覺到平地是傾斜立起的，讓整個地面和主要人物表露出來。圖中的謝鯤，獨坐水畔，聽松濤，觀流水，悠然自得，神情灑脫。遠處只見，畫江岸峰巒秀起，霧靄微茫，江面平靜如鏡，境界曠遠。整個畫面宛如宇宙萬象被過濾提升成晶瑩剔透般充滿著音樂性的寧靜世界。我們不難注意到，這幅帶有古意的作品創作於趙孟頫前往大都，赴蒙古朝廷服務於忽必烈之前，必定是有著某種深刻的含義，此圖寄託了趙孟頫深切的亡宋之痛及哀思之情，對自己身不由己的前途既痛心又擔憂。大片大片松樹林在畫面中的出現，一方面看似是爲了畫面構圖的需要，另外一方面的眞實目的也是希望通過松樹的寓意來寄託自己的氣節，以及堅貞向國的決心。除了畫面中反應出的這一系列心境，在畫中的題詩裏，畫家的苦悶心情也能被我們清楚的瞭解，感同身受：「濁世公子何翩翩，風流丘壑妙當年；無端卻被鄰娃惱，不廢嘯歌猶自賢。小齋松雪對青山，波上閒鷗自在還；文采風流今不見，空餘粉墨落人間。」題此詩的作者爲宇文公諒，很明顯，詩者在看了畫面之後，感受到了畫者內心的不安與痛苦，用了暗喻的方法，揭示了趙孟頫當時不得

已的痛苦心境，畫面的隱喻之意也就顯而易見，而松樹在這裡則表露出畫家「寄言謝霜雪，貞心自不移。」的不凡氣節。

五、商琦《春山圖》賞析

　　《春山圖》卷，絹本，青綠設色，縱 39.6 釐米，橫 214.5 釐米，畫中署款「曹南商琦德符」。畫面中還有八方鑒藏印鈐，分別爲清乾隆、嘉慶、宣統諸帝璽。此圖爲商琦傳世眞迹孤本，著錄於清內府《石渠寶笈初編》，爲商琦唯一傳世留有落款的作品，彌足珍貴，現藏於北京故宮博物院。

　　粗觀此圖，遠近景致分明。遠景描繪群山，施一濃淡相間的墨筆，期間穿插暈染則以花青爲主，表現出山巒之間煙霧繚繞，峰巒疊翠的變化。遠山一片渾莽，給人以雄偉壯闊的氣勢之感，十分巧妙的烘托了畫面的氣氛。在看畫中的點景樹木，近景遠景皆各有不同，筆法變化多，又不失時的表現出樹木的蒼鬱深秀，繁茂之景。觀其遠樹，側鋒用筆，或橫點，或中鋒豎點，見樹貌卻不明其形，若隱若現，給人無限遐想。近處的樹木卻是乾、濕筆互用，將樹乾和樹葉勾勒得栩栩如生，畫法工整，自然，南宋院體的繪畫風格顯而易見。無論近樹、遠樹雖形態各異，但卻同時讓人感受到了畫面中春天生機勃發，遍山層綠的景象，春天的氣息隨之撲面而來。中景描繪的古橋則是從近景到遠景的過渡，使人感到不那麼突兀，也更添整幅作品空曠蒼茫之勢。圖中描繪了各種景物，非常全面地展現了作者在經營爲主，應物象形等方面的勢力。無論是近處山石的細緻刻畫，還是遠處風姿卓爍的樹木地描繪，都有一股春意撲面而來，正應了「春山圖」之名。

　　細看此圖，該圖整幅畫面所描繪的春山緬邈。雖然畫面中主要描繪的是山，但卻讓人感覺雲霧繚繞，給人一種飄飄欲仙的感覺。早春之季，乍暖還寒，溪流伴隨著綿延起伏的群山，嵐氣搖蕩，雲霧升騰，在氤氳之中，太陽光的溫度加之水汽的濕度，慢慢變化，透過微光，整座春山感覺是透明一般。山腳下的叢樹、溪流、山間的小橋，屋舍都似有似無，仙境一般。臥遊觀之，似乎能聽到畫中潺潺的溪流，能聞到畫中微微帶著水汽的青草香，一切都眞實存在又虛無縹緲。以淡墨渲染的平地，絨絨的草尖剛剛冒出地面，隱然躍現。雪水融化於溪流中，這股冷意又和陽光的暖相交融，最終匯入半山腰的雲煙之中。墨戲雲煙，描繪的大致就是此種情景吧。

　　縱觀圖中描繪的山水清秀，屬於春天風光。在近處山坡上，繪有一字排

開的松林，松樹之下繪有五位高士，互相攀談並觀賞山川美景。山中若隱若現之房屋樓臺，掩映於青山秀水樹木之中，而山上松樹則豐茂挺拔，伴有泉水淙淙，水流湍急。再看遠處的高山，氣勢宏大，秀出於飄渺的霧靄之中。畫面用筆精麗穩重，工寫有度又不呆板。作者用細膩的筆法表現出春天山水特有的溫潤秀麗之特性。山石和樹木的描畫用了不同種的皴法交替進行，構圖豐富，虛實互見。傳達了春天山水景色雲煙流佈，朦朧綽約的特點，富有鬱勃的生機。商琦的用筆比較簡樸，不似唐宋青綠山水那種濃重的金碧描繪，筆觸較唐代青綠更為空靈簡約，和傳統山水畫細膩的風格不盡相同。圖中近景之處松樹的描繪，活潑生動，或挺拔，或欹斜，造型與南宋院體繪畫風格有幾分相似，而遠處的松林樹木卻又與北宋郭熙筆下的風格比較相近。松林之下的幾位高士，雖然所佔比例極小，但細看之卻都造型生動，寥寥幾筆便刻畫出這些人的瀟灑神情。他們或互相低聲細語，或結伴而行，和身後的松樹互相映襯，表現出畫家寄情於山水，渴望過上遠離紛擾、悠閒自得的仙境生活。

中國的水墨山水畫，畫家其實在作畫的同時都在利用墨的濃淡變化，做著「雲煙」般的遊戲。從米芾口中的「墨戲」到董其昌筆下的：「畫家之妙，全在煙雲變滅中。」多少中國畫家又自詡為「耕煙人」，而又將自己的繪畫過程稱為「煙霞痼疾」，有的畫家甚至就直接用「雲煙」二字來指代筆下的山水畫。清盛大士《溪山臥遊錄》中記載：「古人以『雲煙』二字稱山水，原以一鉤一點中自有煙雲。」從中不難看出，古人認為，水墨山水畫中，與其說是在畫山水不如直接將其比喻成畫雲煙。雲煙的出現，即刻使得畫面有了不同的感覺，相對靜止的物象在雲霧繚繞中動了起來，活了起來。畫面飄了起來，此時作畫的心境也就不同了。北宋山水畫理論家韓拙也曾經就「雲煙」二字提出：「凡雲霞煙霧靄之氣，為嵐光山色，遙岑遠樹之彩也。善繪於此，則得四時之真氣，造化之妙理。」雲煙霧靄，變幻莫測，是山水之彩中不可或缺的部分。換句話來說，山水畫中，雲煙是精華。沒有了雲煙的襯映，山水畫將失去靈動之感，失去了雲煙，山水畫也就失去了靈魂。

中國畫家這樣作畫的思路著實不同尋常，卻又是具有中國文人畫特色的、商琦的《春山圖卷》中，雲煙、霧靄、山嵐這些畫中的因素互相聯繫，互相關聯，山水在雲煙之間縹緲升騰，這種靈動也使得整幅畫面更有靈氣。細碎的山川也因為這些雲煙串聯起來，成為一體。畫面中，畫家所強調的「浮

空流行之氣」，顯露無疑。商琦畫山水是要從表面深入到這氣化的世界中去，表面看似畫山水，實則是想將自己代入這個有景有情的世界之中，在山水畫中忘卻煩惱，將心中之境轉換爲筆下之境，畫爲心聲，大致如此吧。

六、黃公望《富春山居圖》賞析

《富春山居圖》是元四家之首黃公望創作的著名山水作品，該作品精妙過人因此也被譽爲中國十大傳世名畫之一。作品繪於公元 1350 年，爲黃公望爲他的師弟鄭樗（無用師）所繪，後幾經輾轉，幾易其手，最後因焚畫殉葬之事而被分成兩段。前半段稱爲《剩山圖》，紙本，水墨，縱 31.8cm，橫 51.4cm 現收藏於浙江省博物館；後半段稱爲《無用師卷》，紙本，水墨，縱 33cm，橫 636.9cm，現藏臺北故宮博物院。整幅作品以浙江杭州附近的富春江爲主要背景創作而成。全圖畫面用色淡雅，山與水的關係布置疏密得當，恰到好處。圖中主要以水墨來描繪山水之間的變幻關係，乾濕並用，富於變化及創意。

《富春山居圖》原作本來畫於六張紙上，完成之後再一一接裱成爲一張長約 700 多公分的長卷巨作。黃公望在繪製該圖時也並沒有完全按照原來紙的眞實尺寸來創作構思，而是抒發個性，隨意塗抹，任由自己的興趣來創作，將思緒悠然揮灑與山水之間。整幅作品可遠觀，可近視。畫面中移步換景，各種視覺重疊互相交扣在一起，或深遠，或平角，或特寫，或遠繪，另觀者在欣賞畫面的時候極其自由，無拘無束，感受到畫家在創作時候的那種天性的釋放。

該圖的六個部分環環相扣，銜接自然和巧妙。

第一部分：起首爲《剩山圖》只見畫面始於一座頂天立地，渾厚蒼茫的大山，長篇畫作由此拉開了序幕，美景一一呈現。畫中的山水由於表現的是江南的山石，因此山勢並不陡峭，而是連綿起伏，渾圓敦厚，層層遞進，山脈的走向時高時低，時陡時緩，用筆鋒慢慢層疊堆砌而成。山的紋理脈絡中顯而易見黃公望最擅長的「長披麻皴」，中鋒用筆，向著一定方向反覆披刷，畫面中頓時形成了土壤層厚實之感，山與水之間由於濕度的變化形成江南山水特有的霧氣迷蒙，江邊濕潤的氣候特徵在此顯露無疑。

到了畫面的第二部分，正如音樂中的序曲已過，主旋律慢慢展開。畫面中的山脈走向清晰可見並感覺發生了變化轉折。層次感逐漸分明，畫中除了山川之外還加入了樹木、山石、土坡、前景中的房屋，泛舟江上的小船，這

些景物的帶入讓整幅作品漸入佳境，在群山環抱之中，也將第二部分帶入了尾聲，近處的松柏在風聲中微微搖擺，呼應著遠處的高山，也將第三部分慢慢呈現在觀者的眼前，正可謂承前啟後，路轉峰回。

縱觀整幅作品，第二部分至第三部分的轉變中墨色的變化最大，也將整幅作品帶入了高潮部分。這個部分空間交錯，互相呼應。作者黃公望突然筆鋒一轉，將畫面由密變疏，近處使用皴法點染的山坡，遠處平靜的江面，秀麗優美，恬靜自如。只見畫家筆下濃墨重彩，勾勒出水波、碧草、沙灘、風景隨風蕩漾，生動自如。觀者彷彿被帶進了畫中的世界「行到水窮處，坐看雲起時」，講的應該就是此時的感受吧。

作品的第四部分，將畫面由高潮漸漸帶入尾聲做了一個鋪墊。這個部分也是整幅畫作用筆用墨最少的一部分。仔細觀察，全幅作品在此段並沒有使用皴染，只是簡單乾淨的描繪了山水，純潔自然，還原了作品本身對應的江南風光。構圖中，第四和第五部分互相跨越，並不是完全隔斷，一片山，一灣水，一段留白，作品帶你走過了水鄉的一年四季，讓人感到天地悠悠，歲月匆匆。河邊坡岸點綴點點枯苔，小橋流水時隱時現，一派恬淡悠然的江南風光。

最後一組畫面——第五部分至第六部分，江面逐漸寬廣起來，近處的白沙，遠處的小船緩緩在江中並行，點景人物表現出生命的喜悅。山與水漸漸交匯在遠方，筆墨也在此中交織於一體，給人以無限遐想。

整幅《富春山居圖》的六個部分，時空轉換，恰如四季中的春夏秋冬。前三個部分，鬱鬱蒼蒼，繁華從容，畫面大氣磅礡，山水相接，後三個部分感覺歲月慢慢過渡到秋冬季節，萬物繁華落盡，淡薄寂寥，寧靜致遠一直延伸向遠方。亡國之痛，異族的統治，這些擠壓在作者心裏的情緒，都通過《富春山居圖》找到了疏導的途徑，這張畫也反映了作者對生命的態度。在元朝統治已經岌岌可危，作者高齡的情況下，依然行走於富春江上，吟詩作畫，隱居於山林而相忘於江湖。

《富春山居圖》畫法

1、總體風格

《富春山居圖》中山石的描繪用了勾、皴，筆勢轉折頓挫並用，看似隨意，宛若天成。圖中的皴法，長短並用，枯濕兼備，可見畫家的功力深厚。

全圖用墨素雅，只有在遠山以及坡石上略染淡墨，幾近透明。較深的墨用於渲染江邊的沙灘，波光，濃墨點苔，畫葉，醒目自然。整幅畫面江面平靜，草木華滋，水天相接，可遊可居。充滿了一個隱居者淡泊寧靜，優游蕭散的深遠意味，散發出濃濃的江南文人的氣息。元朝的特殊歷史環境造就了元畫的特殊面目，這種抒情也在此卷中顯露無疑。

2、構圖方式

《富春山居圖》整體構圖清晰，描繪了富春江兩岸從夏入秋之時的景色，景隨卷展，人隨景移，一步一景，引人入勝，漸入佳境。畫面中，除了水天相接之外，在樹叢林間或江邊岸旁多可見三兩漁人垂釣，或一人斜欄半倚，獨坐茅草亭中。此時彷彿時間已經靜止，停留於此畫之中，物我兩忘，所有煩心愁緒也都隨之拋於腦後。近景處，水邊坡岸，山巒起伏，遠山隱約於雲中可見，隨著畫面的起伏徐徐展開。站在江邊，水天一色，令人心曠神怡。江面時而開闊平緩，時而變得狹窄而波濤澎湃，有時水面近在腳邊，有時又遠離千里之外，變幻莫測且層次分明。

圖中採用的橫卷式構圖，構造了人們視野上的一幅開闊的山水景色，從一個平面不斷地延伸而構成了另外一個平面。這種構圖方式讓人感覺畫家對山水的層次感進行了精心的布置設計，山的前後，遠近的關係有序的排列，給人以前景後景的錯落感，並使得整幅畫面相互聯繫。而縱觀全幅，每一個部分又和諧地構成了一個有機聯繫的整體。畫面之中，多有留白，這些地方又進一步突出了空間存在的真實感，令人覺得無畫處亦勝有畫。黃公望在繪畫的布局、形象設計、安排、空間探索等方面獨樹一幟，有著獨特的理念。闊遠法的運用，實現了畫面構圖上的轉變。由近及遠的畫法是元代畫家慣用的一種繪圖方式，在此畫卷中，此種方法的運用，令畫面層次清晰，在觀畫的同時也留給了觀者更為廣闊的思考空間。

3、枯潤墨法

雖然《富春山居圖》是一張典型的水墨作品，但是在欣賞中，我們能夠察覺到畫面中並沒有大片的濃墨塗抹，只是在淡雅的筆墨中運用了淡墨渲染，感受到淡淡的秋意。畫面中，畫家採用了文人畫家慣用的筆法來表現畫面的處理與表達。畫中，可見枯筆畫法，各種乾枯線條地使用，而傳統意義上的濃墨與重墨只是在描畫樹木的時候才會用到。枯中有潤，看似隨意卻又不失柔和細膩的筆觸。對圖中重要的對象山的描繪，作者還是頗用了心思，

無論是濃墨還是淡墨都恰到好處，並逐漸過渡，最後由枯筆來進行勾勒收尾，一氣呵成，畫面自然。而對於起到點睛之筆的樹的畫法，樹幹部分多採用沒骨畫法，用簡單的寥寥數筆勾勒出樹的形狀，再用淡墨染之。樹葉部分的描繪則錯落有致，具有非常強烈的立體感與層次感。《富春山居圖》中，畫者不斷探索著用筆中形與墨之間的變化。江南的風景中往往水汽氤氳，畫家的筆下，水分飽滿，點染結合，整幅畫面的變化豐富生動。濃墨的樹，淡墨的山，對比明顯，乾濕並用，鬆緊相湊。整幅畫面，筆法與墨法完美的結合，這是元代畫家在筆墨運用上的理解，也是筆與墨之間非常有效的結合，起到了形神兼備的效果。

4、披麻皴法

　　整幅作品按照富春山脈絡的走向來描繪，在縱向的山脈和橫向的江面描畫上多次用到了長披麻皴的畫法，這種皴法與用來描寫水波的長線皴法還是有著些許不同。高聳的山峰與延緩的平坡在描畫上有著明顯的對比。叢林的描寫用了「米點皴」，粗細變化，乾濕結合，縱觀整幅作品遠山高峰，近江流水，樹木穿插其中，淡墨組成的小黑點自上而下，似點非點。山石的大部分都使用了乾筆皴擦，線條疏密有致。皴法中主要以長披麻皴爲主，偶用解索皴，轉筆靈活自如，墨色柔和，虛實枯潤相融。

　　《富春山居圖》在藝術創作上可謂承上啓下，既承王維、董源、「二米」與趙孟頫的藝術手法與追求，又開王蒙、倪瓚、陳淳、徐渭、董其昌、王原祁直至黃賓虹等人的筆墨道路，承先啓後。該作品對中國後世的文人山水畫，尤其是以浙派爲代表的傳統繪畫均有著非常深遠的影響。

七、曹知白《松亭圖》賞析

　　《松亭圖》爲元代畫家曹知白所繪，立軸，紙本水墨。縱 48 釐米，橫 36.4 釐米，現藏於法國吉美國立東方美術館。整幅作品，構圖完整，不以尋常布局，給人出奇制勝的感覺，這種平遠幽深的布局應該爲曹知白晚年時期的作品。圖中近景處爲一片空曠的平原，偶有低矮的草叢，中景繪松樹數株，高大挺立，偉岸多姿。樹幹虯曲。作者用筆老練沉著，尤其是在對松針的描繪上，用筆顯得格外剛勁有力，充分展現了松樹葉子細密的特點。作品中沒有人物的描繪，給人空曠之感，蕭疏且兼有簡遠之趣。整幅作品的畫法在李成、郭熙畫派的基礎上又有變化，融入了自己的風格。作爲一個生活閒逸而又才

華出眾的文人，創作出此幅作品可謂正符合他的心境及生活態度。

細看畫中，雖寫有松亭，卻亭中無人。放眼望去，亭外三株高大挺拔的松樹則格外顯眼。只見這三株松樹，一字排開，呈縱向排列，頂天立地，佔據了整幅作品中前景的幾乎整個畫面。兩株低矮的喬木分列於松樹兩側，前者枝幹蒼勁，後者枝葉濃密，雖然高度不及松樹的一半，但卻處於松樹主幹的側方，在它們的襯托下，更顯得松樹的高大挺拔。此時後方的亭子顯得格外的渺小，若是有人立於樹下，也只能是擡頭仰望松樹或是遠眺。無形之中樹立了松樹高大的形象，而人在它們面前則顯得微乎其微。整幅作品在視覺效果上有意無意突出了松樹的高大，凡塵的渺小。圖中的松樹爲畫家心目中松樹的寫照，取自自然卻又超越現實。無論是在高山危岩之中，抑或是在舒緩平坡之前，松樹都以頂天立地的傲然身軀，展現了一種精神高度，這便是文人士子所向往的吧。而《松亭圖》中低矮的亭中不畫人，我猜想這裡只是一時遮風避雨之所，終究是容納不下當時文人高傲的靈魂。身爲元代的文人，在異族統治時期，國與家的飄零之感，或隱或顯，與生同行。曹知白在隱居的同時，也深切感受到此中之痛，而將其反應在自己的繪畫作品上。以松自喻，託物言志。畫中扣人心弦的不是畫家精彩的構圖和筆墨呈現，而是這些以松樹爲代表的樹木苔痕點點，樸實無華的丰姿和畫家筆勢的和緩收斂及心境的安詳平和。如同惲格所讚揚：「雲西筆意靜淨，眞逸品也。」

八、吳鎮《洞庭漁隱圖》及《雙松圖》賞析

《洞庭漁隱圖》作於吳鎮 62 歲時，該圖爲縱軸，紙本水墨。縱 146.4 釐米橫 58.6 釐米，現藏於臺北故宮博物院。

《洞庭漁隱圖》構圖極具特點，採用了當時流行的「一河兩岸」式構圖，這種構圖類似於倪瓚慣用的「三段式」構圖法。圖中描畫的爲現在浙江嘉興東洞庭一帶的湖光山色。圖中景色遠近分明，近景描繪了山巒葱鬱，且立有長松數株，傲然挺拔。湖面上，波光粼粼，漁舟如柳葉般漂浮於湖面之上。隔岸的山坡逶邐，綿延，與水中的漁舟相呼應，整幅作品忠實地再現了水鄉一片江南也的秀美風光。再細看此圖，近景坡岸處，以枯筆畫三株樹，兩株松樹虬曲高聳，一株柏樹則伴隨其左右，樹幹上藤蔓纏身，盡顯蒼老之感。雙松挺立，枯樹橫斜，坡上山石作披麻皴，礬頭坡石皆用濕筆畫法，顯示了作者遠師巨然的淵源。山石樹木的邊上，水草弧曲蔓延，與松樹挺直的枝幹

形成明顯的對比，剛柔相濟，乾濕相和，互相應和。畫面中景部分寫湖水，上有一小舟，載漁夫，悠然自得。小舟位於畫面右側，略斜，與水面齊平，這個布局形成了一個小側角的構圖，也打破了水平線與筆直的樹幹形成的橫平豎直的生硬構圖，極大程度緩和了觀者的視覺感，整幅畫面也因此顯得格外生動輕鬆。遠景作山石坡岸，汀渚，水邊草木華滋，濃墨濕筆點苔，充分展現了江南水鄉氤氳之感，樹林茂盛，生機勃勃。整幅作品雖然布局簡略，但添加邊角的簽名，以及上方的題詞之後，別具一番寧靜典雅的江南情調。圖上題款以草書寫成，原題：「洞庭湖上晚風生，風攬湖心一葉橫。蘭棹穩，草花新。只釣鱸魚不釣名。」該題詩，意境清新，坦言其志。吳鎮作爲元四家中唯一一位家境清貧，且又甘於歸隱的畫家，一身清貧，性情孤傲，不爲勢曲。這種「只釣鱸魚不釣名」的心境追求，在畫面中表達無疑，也表明了畫家的追求和嚮往。而題款的位置又位於整幅作品畫面上部居中的位置，表現出作品的獨具匠心以及無比自信之情。畫面右上角是素喜在經典名作上塗鴉的乾隆皇帝的題詩：「木葉微飄秋興生，牢騷意興大江橫。閒鷗最是忘機者，也識煙波釣叟名。」昭示這是一件被皇帝親手把玩過的珍品。

該圖中吳鎮的用筆極其多變，中鋒用筆、勾、皴、擦、轉折、點、線，乾濕，在畫中都有體現。線條時而凝重，時而爽利，時而頓挫，時而富有節奏韻律，變換自如。畫面中對於主題樹的描繪，構圖中，正斜結合，互相穿插。兩株松樹的高大偉岸，柏樹的樹枝遒勁有力。樹幹用墨較乾，偏淡墨，而松葉、松針則墨色較濃。遠處隱約可見點苔所繪的雜樹，工寫結合，虛實並用，古拙氣橫生。畫中坡石用了此時畫家長用的披麻皴，渾然天成。石頭的質感則用墨多次積染堆積而成。山石往往採用中鋒用筆，禿筆更點出石頭的崚嶒質感，筆力雄厚，筆墨共用，渾然天成。而因爲圖中所繪之景多爲南方景色，因此用圓筆來表現山坡平緩連綿之感是再合適不過的。陽面用枯筆，表現石頭的質感，背陰面則加重點苔，表現石頭的蒼潤雄渾。巧然天成，自然而不做作。

畫面中的松樹應該爲赤松。樹幹用赭石色點染，分陰陽兩面，即背光處色濃，用赭墨色渲染；而向光處墨淡，則在畫面上略施以淡赭色。松樹的枝幹部分也用赭石加水調淡之後，略施一層。幹上的松鱗部分則用濃赭色略勾，別有丰采。此二松的松葉用墨色進行渲染。先用大筆蘸墨汁，分出遠近濃淡，繪於松樹枝頭；再用畫針葉之細筆法，按照針葉的疏密濃淡，一筆一筆描繪

松葉；最後按照原來的針葉形狀，一一勾勒。而此畫之中，松樹枝幹的點苔法應爲畫面中松樹最難描繪的部分，一點不合，遠望松幹就會顯得非常突兀，因此會殃及整幅作品。吳鎮凌空運筆，筆從空中下墜點苔，點時時輕時重，時濃時淡，與枝幹融爲一體，方顯松樹蒼茫渾厚而增其氣勢。圖中松樹如高人隱士一般，矗立於畫面的前景顯要位置，必有其一定深層次含義。

《雙松圖》

《雙松圖》爲元代畫家吳鎮所創作，創作時間爲泰定五年（1328）。此畫爲一幅中國古代的山水畫。絹本，水墨設色。縱 180 釐米，橫 111.4 釐米。現藏於臺北故宮博物院。

細看此圖，首先映入眼簾的便是繪於圖中兩株平地而起的松樹，可見兩樹頂天立地，幾乎佔據了整個畫面。仔細觀察松樹，兩樹形象奇古，茂盛挺拔。左邊松樹的下半部分枝幹扭曲成弧形，幾乎躺臥於地面，而樹幹的中部卻有挺立向上，勁健有力，樹頂部往右方探出，和下部形成鮮明對比；與左邊的松樹相比，右邊的松樹顯得直立挺拔，但卻也在樹冠處呈現了近乎於直角的彎曲，探向右邊，隨著角度直衝高空。在高空處，兩株松樹的樹枝形成交叉，構圖爲「X」的形狀，這種構圖顯然是經過畫家精心安排而成的。兩株樹雖然自稱一體，孤傲高聳，卻又在空中互相依靠，相依相扶。透過松樹間錯落的枝葉，可以見到遠處的清溪流水，茅舍遠山，在這些景物的襯映下，更突出了雙松的高大雄偉。

細看兩棵樹的樹幹描繪，也有人認爲此圖畫的是檜樹，因此也有稱該圖爲《雙檜圖》。無論是松或是檜，畫中樹木的枝幹枝枒糾結，可以看北宋畫家李成、郭熙筆下畫樹的典型風貌。該圖左側有題款：「泰定五年春二月清明節，爲雷所尊師。吳鎮。」據此推算，這幅畫應作於吳鎮 49 歲時，也是他傳世畫作中年款最早的一幅作品。分析《雙松圖》中對於松樹的描繪，樹皮處以長披麻皴來表現其粗糙的質感，筆法與董源、巨然相似。遠處坡岸多作礬頭，濕筆點苔，平淡天眞。

在畫面上，還可以看到江南特有的平遠風格，遠處一道溪流蜿蜒曲折，最終匯聚於樹旁。我們能不能這樣認爲，吳鎮借畫喻人，起伏的山巒之中的道道澗水匯聚成了溪流，而溪流又流向松樹，滋養了松樹，使之不斷凌空向上茁壯生長，這是不是代表了老師雷思齊的思想並沒有因爲他的逝去而失去，而是常駐人間。若將此圖與吳鎮其他以松樹、柏樹爲主題的山水作品相

比較，不難發現，吳鎮不太繪製構圖如此平遠的作品，《雙松圖》這樣兼具深遠、平遠與一體的作品，並不多見。明爲寫樹，暗爲喻人。吳鎮將這樣的方法再一次運用在了他的繪畫作品中。這幅《雙松圖》分明是一幅在清明節，紀念雷思齊的作品。在作畫當年，雷思齊已經過世二十又七年，因此此圖明顯也含有對故人的追思之情。

九、李士行《喬松竹石圖》賞析

《喬松竹石圖》。作者李士行。紙本，水墨設色。縱 181.9 釐米，橫 106.4 釐米。現藏於臺北故宮博物院。

該圖繪松樹一株，立於坡石之上，旁有竹葉陪襯，傲然挺立，風貌高潔。細看松樹枝，只見只有兩枝上長有松葉，其餘皆爲枯枝，老樹盤橫而上，展現的是松枝曲幹遒勁，蒼老挺拔的美感。該圖用筆簡潔有力，松樹枝幹的描繪富於變化，提頓皴擦並用，而一旁的竹石用筆則顯得溫潤平和，形成對比。此圖頗具藝術特色，即松樹的主幹並非挺直偉岸，而呈一波三折的盤曲生長之狀，枝幹轉折處彎扭縱橫，繪上樹洞疤痕；此外，樹的金錢狀皮斑，則隨樹幹的曲折起伏而忽上忽下，忽左忽右，以呈現老樹的曲折、圓渾、立體形狀，具有衝破壓抑的鬱勃生長之勢。雖然松針疏落，但虬枝四發，左右前後猛然伸展，勢不可擋，具有頑強的生命力。這顯然與上述詩句中所述畫家委曲求全，立護一方的心情相吻合，可謂以形寫神而神形兼備。李士行又在松下添上了風竹、小草、坡石，既增添了瀟瀟的清趣，又補充了松樹迎風不懼的堅貞英姿，使畫面那松樹扭曲誇張時的身姿，顯得更爲突兀生動。其流暢多變的線條，疏密濃鬱的墨迹，虛實相生的空間，高低錯落的造型，也給觀眾留下了較深的視覺印象。

十、朱德潤《渾淪圖》、《松澗橫琴圖》、《秋林垂釣圖》賞析

《渾淪圖》，水墨，紙本。縱 29.7 釐米，橫 86.2 釐米，現收藏於上海博物館。該圖卷首處，有隸書所題：「渾淪圖」三字。該圖左側，明顯傚仿北宋李成、郭熙之法，畫坡石之上挺立一株古松，松樹蒼老遒勁，造型如虬龍，其枝幹似龍爪。松幹之上盤纏有若干藤蔓，藤蔓的鬚絲飄於空中，有升騰之感。用筆蒼老潤澤，勁挺灑脫。而畫面右側則繪以一個直徑約 9 釐米的圓圈。圓圈右側則題有上述：「渾淪圖」三字。字旁有行書題贊曰：「渾淪者，不方而圓，不圓而方。先天地生者，無形而形存；後天地生者，有形而形亡。一

翁一張，是豈有繩墨之可量哉！至正己丑歲，秋九月日廿又六日，空同山人朱德潤畫。」畫家以松樹喻君子。在元代這個動盪的年代，君子之風不在朝，而在野，這樣的風氣正如常年生長於深山萬壑之中的古松一般，雖然紮根於亂石之中，但卻志向遠大，志存高遠；雖飽經嚴冬卻不凋零，於亂石雜草山崗之中傲然挺立。松樹的處世之態即為：既不欺世，也不墮世，不卑不亢，下接凡木，平易常見，卻又和而不同。這是為何松樹可比附於先世之賢的一個極其重要的原因所在。元代畫家畫松圖真，大多數的本義也在於此，故以松樹來論人品及風格，也是當時最為貼切的，為處於亂世的文人最基本的立身救世的理想品格的真實寫照。

《松澗橫琴圖》同為朱德潤早期風格的繪畫作品。該圖為扇面，絹本水墨。縱 24.7 釐米，橫 26.9 釐米，現收藏於臺北故宮博物院。圖中可見松樹，松枝呈蟹爪狀，且枝葉纏結在一起，很明顯源於「李成郭熙」一派的繪畫風格，這幅作品也被公認為是其早期的代表作品。此圖與前圖《林下鳴琴圖》所繪的內容頗為相似。都是以松樹和人物相結合的山水畫作品。在畫面前景處也立幾株老松，松下仍然是三人圍坐，一人彈琴，其餘二人欣賞。但是整幅作品的畫面感卻和《林下鳴琴圖》給我們的感覺截然不同。首先，他筆下的松樹不再描繪得異常高大，凸顯於前景之中，因此，之前給我們的崇高感在這幅畫面中便消失了。此外，畫面遠處的山體部分也沒有過多縱深感的描繪，因此深遠法在此幅圖中並沒有起到作用。取代深邃遠山的則是前景中潺潺流水的小溪，這種構圖方法明顯受到了南宋院體畫家馬遠、夏圭的影響。提起元人的作品，我們往往會認為由於歷史問題，元畫會採取極力迴避模仿南宋畫院的繪畫模式，而以摹古為主。然而，南宋畫院畫家那種一邊一角的取景，由於在創作中融入了當時自己苦悶的心態，因此在元代，畫家們又有意無意的開始倣仿此類作畫風格。通過松樹自喻，再加上邊角之景的創作，通過作品來表達自己的志向及苦悶心境，這種寓意在作品中表露無遺，而此種繪畫方式也被元人發揮到極致。朱德潤此時期的眾多松樹作品便向我們揭示了這其中的奧秘。

在畫面結構上，整幅畫面被分成兩個部分來描繪，畫面的左側主要描繪頂天立地，枝繁葉茂的參天松柏；而畫面右側則繪三位高士端坐於松樹之下，中間的那位高士神情專注，用心撫琴，而他左側之人則側耳聆聽，欣賞其優美的琴聲。位於右側之高士卻若有所思，漫無目的的隨處張望。在人物的左

右兩側，分別繪有潺潺溪水，而溪水的源頭則隱匿於畫面的遠處，這種構圖方法將整幅作品分成了左右兩半，構成了一個新的部分。全圖複雜的視覺效果，左邊部分，樹林層層疊疊，茂密繁盛，樹葉濃淡不同，錯落有致，各種大面積的色塊交替渲染樹叢的效果，加強了畫面的縱深感效果；而畫面的右側視覺則和左側形成了鮮明的對比。右側孤樹的單純性和左側的複雜性對比強烈。此外，該圖前景的寫實性和後邊景物的朦朧性，也造成了整幅畫面的視覺衝突感。這種複雜的畫面和強烈的視覺衝突感，正是元代畫家所想要的，他們將自己的主觀情緒帶入到客觀繪畫的真實寫照之中，用繪畫來表達自己的矛盾和不安。

《秋林垂釣圖》，絹本，水墨設色，縱 28.1 釐米、橫 26.6 釐米，北京故宮博物院藏。由於創作年代久遠，因此題字不清，但是仍然能隱約可見落款處「朱澤民」三字。作品中古松喬木參天，虬曲如盤龍，松樹下繪山石、雜草，畫面左側則爲一條蜿蜒小溪。遠景空蒙、幽曠，有一孤舟，蓑笠翁坐於之上垂釣，景致悠閒中帶有荒寒之意境，人物刻畫簡潔明瞭，中規中矩。松樹的畫法在各個部分略有不同，樹杆用的是雙勾填色的畫法，松針處則使用中鋒用筆來勾勒，線條頓挫有力，將書法的用筆融合到繪畫之中，兼工帶寫，整體畫面在構圖上採用對角線的構圖方法，除此之外，其餘繪畫用筆均與《松澗橫琴圖》相類似，亦疏於朱早期的繪畫作品。從這些作品，我們可以分析出，朱德潤早期繪畫作品以模仿爲主，自己的繪畫風格並不是特別明顯，在他的繪畫作品中可以看出北宋大家李成、郭熙、許道寧以及南宋畫院中馬遠等人的深遠影響。但值得注意的是，除了受到前輩大師的影響之外，在朱德潤的作品中也摻有自己的個人意趣和審美品位。他的繪畫用筆在趙孟頫的風格之上又受到「李成郭熙」畫派中郭熙風格的影響，但在畫面的意境表達方面卻又偏向於李成。這種風格的形成，並非他一己之力就能改變的，而是受到當時整個時代的影響。

十一、楊維楨《歲寒圖》賞析

《歲寒圖》，絹本，水墨。縱 98.1 釐米，橫 32 釐米。現藏於臺北故宮博物院。圖中僅繪一蒼松，而無竹、梅點綴。蒼松主幹從右向左扭曲而生，頂梢向右轉至畫心中部，成左上右下的兩股分叉，右下之枝作斜垂之狀，左上之枝作伸張之狀，而又各有數枝松梢四出，狀若龍爪鹿角頗爲勁健。畫家以

細筆劃出道道松針，有如馬尾，有如盤扇，濃淡相間，疏密互補，而禿枝鹿角與落葉蟹爪尤為突兀囂張，增添了松樹的不羈動感。松樹主體則鱗斑與苔點、斷枝、疤洞、皺節紋理，間見層出，變化起伏，極具立體長勢及勁健氣韻。尤其是主幹分叉處及老枝下垂之處，畫家以輕柔的細線配上點點碎墨，給松樹綴上纏掛的細藤，既有飄逸感，又有下垂感，還有旁樹而生的上升感，使蒼松在這奇妙的青藤纏綿間多了些許歲月的滄桑印痕。全圖用筆輕鬆流暢，筆鋒變化多端而一氣呵成，富有狂野之勁與瀟灑之韻，書法用筆，一波三折，毫鋒跌宕，粗細由之，自然生動，精妙絕倫。

楊維楨自以行書題畫上云：「潭底老龍呼不起，雷火鏗轟燒禿尾。千年寶劍入延年，神物無由見其似。朝來持贈為何人，陳玄毛穎齊策勳。山中之人臥病起，筆梢黃龍飛為雲。鐵笛道人為耐堂先生畫中淞之璜溪。」可見楊維楨以龍喻松，以雄才喻人，以不輕易出山、志向高遠來自喻喻友。這自然讓觀者想到了他見世亂而歸隱的生涯，想到了他因避亂而不願為元廷和張士誠、朱元璋效命的行徑，雖經各種壓力而不屈。

此圖上還有楊維楨門生徐大和題云：「雙璜溪頭三月輝，道人袖劍月中歸。石池夜半風雨作，化得蒼龍擘峽飛。」諸生呂心仁題云：「鐵笛仙人鐵石肝，笛聲驚起老龍蟠。倭麻寫得蒼髯影，寄與高人耐歲寒。」這些詩也說明了畫家以龍喻松的脫俗不凡，以松的歲寒不凋喻人堅貞的品德。這自然是畫家對所處元末亂世的自愛哲理。

十二、唐棣《霜浦歸漁圖》賞析

《霜浦歸漁圖》，絹本淺設色。縱 144 釐米，橫 89.7 釐米，藏於臺北故宮博物院。該圖為其畫松的代表佳作，圖上繪有二株長於坡後的巨松，傲然挺立，樹冠茂盛，幾乎佔據了一半以上的畫面，而樹下三位歸家的漁翁卻反而成了配角。元代文人承南宋遺風，常畫漁翁、牧童以象徵高人隱士的放情山野、追求自由，故常有釣艇、牧牛等圖問世。唐棣此圖亦寓有相同的意境，三位漁翁或背竹漁網，或負船繩，或擔竹筐，神情怡然，談笑而歸。為了增添漁翁的清高不羈、自由傲岸之意，唐棣更繪上二株喬松，勁挺秀拔，頂天立地。他繪松技法一如趙孟頫《雙松平原圖》，承宋人李成、郭熙繪松之法，強調松樹主幹的挺拔與樹幹的茂盛。葉則如針，四面出鋒，具有針刺般的外伸之力；而枝則如虯龍舞爪，狂放不羈，以顯雙松頑強的生命力，寫出了唐

棣「目熒熒」、「骨棱棱」，「瞭然如澄漢之星，凝然如絕壑之水」的氣質。

十三、倪瓚《六君子圖》賞析

《六君子圖》，紙本水墨，縱 61.9 釐米橫 33.3 釐米。上海博物館藏。

此幅作品很好的詮釋了當時畫家熱衷於畫松樹，畫樹木的眞實含義。《六君子圖》是倪瓚流傳下來的作品中知名度相當高的一幅畫作。全圖採用倪氏固有的構圖方式，將圖畫分爲近景、中景和遠景三部分。圖的中間部分是一片寧靜的湖水，近景及遠景用墨均勻，效果分明。整幅作品不著渲染，全以墨筆勾勒，描繪出一片安靜、高潔，疏朗、清雅而又略帶一絲憂愁的山水之境。在虛無縹緲之中隱約可見作者「不食人間煙火」的隱逸之情。倪瓚作品大部分的構圖都是兩岸一湖，此圖近景的山坡之上，有著六棵樹，分別是松樹、柏樹、樟樹、楠木、槐樹及榆樹。邊上有倪瓚的自題：「盧山甫每見輒求作畫，至正五年四月八日，泊舟弓河之上，而山甫籌燈出此紙，苦徵余畫，時已憊甚，只得勉以應之，大癡黃師見之必大笑也。倪瓚。」畫面右上角爲元四家之首黃公望的題跋：「遠望雲山隔秋水，近看古木擁坡陁。居然相對六君子，正直特立無偏頗。」

黃公望在這段跋文中將這六棵直立向上的樹比喻成六君子，此圖的題名即來源於此。元代，隱逸之風的盛行歸根結底是由於異族的殘酷統治所造成。倪瓚算的上是這一時期由於傳統文化的影響而歸隱江湖的傑出代表人物了。在他的《六君子圖》中我們可以看出作者對這種歸隱寓意的主動把握及充分展現。圖畫近景中的六棵樹木：松、柏、樟、楠、槐、榆排列錯落有致，樹的造型偉岸清倨，但卻透出蕭索寥落的淒涼之感。作者借樹來感傷，心中抑鬱之氣在此畫中不言自明。《六君子圖》中的松樹與荊浩、郭熙等前輩畫家筆下的松樹一般的正直，一般的高傲，但唯獨不同的是，「君子們」的心態卻在此圖中發生了變化，積極進取，剛健屬烈的氣息已不復存在，卻多了幾分顧影自憐的傷感與頹唐。倪瓚筆下的松樹儘管一樣的堅挺筆直，但卻又在不經意間流露出一種冷漠而自足的逍遙任性。

松樹的特徵和意義，在人類的文化史上，不斷的發生著變化。人們在「松樹」的功能和含義的不斷延展中起到了至關重要的作用。在魏晉之前的繪畫中，繪畫裏的主體，主要人物或者描繪對象，承擔了象徵的含義和作用。當時的畫像石畫像磚中，時常出現東王公、西王母、伏羲女媧、靈芝、四神等

靈異題材。他們的出現是因為人們覺得自身的能力不足，需要尋求宇宙或者外在的神力來補足這樣的缺陷。而隨著人類的不斷進步，人的形象開始受到重視，成為了繪畫的重要部分。此外，作為主體的人，也開始選擇性的挑選適合的題材。這個時候，植物開始成為比較重要的描繪對象。一些有象徵意義的植物，更是脫穎而出，松樹就是其中的一種。在元代繪畫中，松樹的文化意義在很多地方得到了拓展，比德功能更是在當時得到了全面的運用。一方面的原因是因為傳統的文化和哲學思想在中國歷史上的不斷進步；另外一個方面是因為宋元時期的繪畫追求「意境」和「逸氣」的相結合。這種比德思想在元末明初達到了一個高峰，當時的蒙古族對漢人的壓迫統治以及明初對文人的限制以及高壓政策都是推動比德思想迅速發展的關鍵。如果我們重新去仔細品味元代的畫家和詩人的一些作品，不難發現，很多作品都暗示了當時所發生的一切。比德，以樹比德，是一種實用主義的思想，這種思想滲透進了元代的繪畫，給元代的繪畫帶去了積極的影響。以樹來暗喻「君子」，讓「君子」這個詞在美術學範疇有了新的文化含義，這使得更多類似於倪瓚的畫家，他們的生活，他們的繪畫都具有了社會學和歷史學的研究價值。同時，在元代，繪畫也真正的融入了人們的生活，成為了生活的一部分，由於「比德」思想介入了繪畫的題材，從而促使這個時期的文人畫在很多方面有別於其他時期的文人畫題材。這個時期文人畫的中心思想是「隱逸」，松樹的題材就非常合適這樣的主題，哲學內涵和審美觀念一直通過這樣的繪畫形式來傳播給老百姓。這樣的方法能使繪畫更貼近生活，更貼近現實，也更能被大眾所接受。

十四、張遜《雙鈎竹及松石圖卷》賞析

《雙鈎竹及松石圖卷》，紙本水墨，縱 43.4 釐米，橫 686 釐米。北京故宮博物學藏。

該圖畫坡石間數叢秀竹，迎風生姿，線條工整纖細，頗為文雅；全圖中部繪一古松向右橫斜而出，枝幹虬曲搖曳，勢若飛龍向天，孔武有力。畫家以圓筆鈎皴，松樹主幹左右有龍鱗之皮，中間不作勾皴，以顯示樹幹的立體圓狀，且龍鱗有濃淡之韻，而在枝椏處添以暈染，更見立體轉折之勢；松針則以馬尾法為之，筆筆挺秀，以見氣足神完的生趣。在這幅圖上引人注目的是老松的橫斜欹曲，既不類趙孟頫、唐棣的松樹圖那挺拔偉岸之姿，也不同

於李士行松樹圖一波三折的盤曲逆長，而是橫生枝節，與圖上修長的叢竹不僅形成縱橫的對比，而且還形成了文野的不同，讓人更加領略到張遜筆下松樹的奇倔不凡。倪瓚曾稱張遜畫松竹有「歲晏姿」，即歲暮歲寒之姿，亦即凌寒不凋之姿，畫家以誇張的構圖，寫出了欲墜而卻不倒的造形，既形容了「歲晏」的危況，更反襯出松樹的頑強生長，彷彿宋人蘇軾《枯樹圖》，出人意表，以奇險破平正，豐富了元人畫松的形神內涵。

十五、王蒙《春山讀書圖》賞析

《春山讀書圖》，紙本，水墨。縱：54.4釐米，橫：28.3釐米。現藏於上海博物館。

該圖於松林掩映之中，描繪茅屋數座。有士人數位，讀書期間。高士靜觀其景，閒坐於林中。前景松林茂密蒼茫，後景山巒鬱鬱蔥蔥，整幅畫面營造處密林深處，幽靜深遠，可遊可居之境。畫面給人感覺遠離塵世，反應出當時的文人對隱居生活的嚮往。畫幅左上有王蒙自題七律二首，曰：「陽坡草軟鹿麛馴，抱犢微吟碧澗濱。曾採茯苓驚木客，爲尋芝草識仙人。白雲茅屋人家曉，流水桃花古洞春。數卷南華都忘卻，萬株松下一閒身。」「□盡登山四望賒，碧蕪流水繞天涯。松雲瀑響猿公樹，蘿□煙深谷士家。露肘岩前搗蒼術，科頭林下煮新茶。紫芝滿地無心採，看遍山南山北花。」署款無紀年，但又見書「黃鶴峰下樵叟王子蒙畫詩書」，由此可知此圖應該爲作者隱居黃鶴山時所作。畫面中，松樹都佔據著畫面前景的主要位置。松樹的枝幹輪廓線和樹鱗的質感表現，所用的墨色幾乎相同。遒勁有力的老松之後背景處加以各種雜樹，凸顯松樹的蒼老空靈之感。樹枝、樹杆首用皴法，皴後在復以墨色，凸顯松樹的古韻。由於是隱居題材，因此在松樹與雜石之間偶而露出房子和一些活動的人來，使得畫面變得輕鬆而空靈，給人更多聯想的空間。

王蒙的眾多山水畫作品中都可見松樹的身影，這些山水畫多反應的是文人對隱居山林的嚮往之情。他運用自己特有的細膩而又豐富的筆觸，表現出江南地區山川的濕潤柔美，創造出翁鬱深秀、渾厚華滋的境界。作品構圖往往布局細密，但卻給人密而不滿之感，用筆繁複，整幅作品具有較強的空間感與層次感。松樹和人物山水畫相結合。由於松樹有高逸蒼老之用意，因此將讀書人或隱士置於松林之中，也代表了當時王蒙隱居時追求淡泊寧靜的心態，希望自己猶如老松一般「當軒不是憐蒼翠，只要人知耐歲寒」，能耐得住

隱居的寂寞和清苦。再者，松樹的枝幹彎曲，如虬龍一般，感覺是如王蒙自己一般「乾坤容得樹喬喬，怪底傴僂好折腰」。由於當時的政治複雜，因此才不得不折腰屈服，隱居於山林之中，他亦希望自己有朝一日能「蠖屈奚能消噎氣，濤聲怒吼海山潮」。重新踏上仕途，幹出一番事業。松樹能屈能伸，既能成為「旁人不識歲寒松，憐殺深山大雪封」將自己隱於世中，又能「蒼龍怒欲凌霄去，一種縱橫勢更雄」。這種精神力量，正是王蒙所尋找與追求的，將此種境界賦予圖中所繪的松樹之上，更加好的借松喻人，表達出王蒙的精神寄託與目標。

後　記

　　1999年初入中國美術學院，洎今忽已十四餘載，其間得良師之循循善誘，益友之相濡以沫，實人生之幸事。2003年起，師從任道斌先生學習中國美術史，如登高望遠，又見嶄新之境界。任先生精通文史，尤善書畫甄鑒；而我減師半德，不能及其萬一，爲此常懷惶恐羞愧之心。

　　中國美術源遠流長，既有中華文化一脈相承之蹤，又有外域文明浸染薰陶之迹，如汪洋浩渺，難辨牛馬。幸有任先生不辭辛苦，諄諄教誨，才使此文得以完卷。

　　讀博期間，初爲人師、初爲人妻、初爲人母，其中酸甜苦辣，如魚飲水，冷暖自知。夜深人靜之時，常邊聽幼女鼾聲，邊翻閱經集典要；既盼女兒迅速長大成人，又怕逝者如斯，時不我待。所幸有父母家人之撫慰，朋友之支持，終能完成學業。

　　今拙文草成，多賴師友之教誨襄助。感謝中國美術學院美術館、杭州市圖書館、浙江圖書館、浙江大學西溪校區圖書館、上海圖書館、上海博物館、浙江美術館、蘇州博物館、寧波博物館等單位在查閱資料和觀看藏品上爲我提供的便利。

　　謹以此書爲心香，感謝任先生，感謝我的家人與朋友，感謝中國美術學院。

癸巳年暮春穀雨記